國家面前無愛豆

臺港藝人認同爭議事件中的
中國網路國族主義

楊鎵民——著

前言

本書緣起於二〇一三年的藝人認同爭議事件，十一月二日張懸在英國曼徹斯特大學的演場會，因為接過臺灣留學生遞給的中華民國國旗，並向現場歌迷介紹自己的國家，而被中國留學生制止：「No politics today」（今天不談政治），之後更在中國網路社群平台爆發抵制風波，將張懸標籤為「臺獨分子」。筆者當時就讀研究所一年級，看到報導後不禁思考何謂「No politics today」的使用語境——亮出國旗就涉及政治敏感嗎？若是其他國家的國旗會有相同的反應？為什麼「中華民國」等同「臺獨」？為什麼會引起中國留學生的負面情緒？又為何在中國社群網站平台形成一波抵制風潮？……

諸多問題引起筆者興趣，藝人認同爭議事件也就順理成章作為我碩士學位論文的主題，不過當時以「侯德健潛赴中國事件」為例，討論一九八〇年代國民黨專政時期的藝人認同議題。以《龍的傳人》一曲翻紅的侯德健，選擇在一九八三年到香港宣傳唱片，趁機轉赴中國，違反了蔣經國時期兩岸不接觸、不談判、不妥協的「三不政策」，該起事件還在黨外雜誌引燃「臺灣意識論戰」。無論是探討侯德健赴中國的動機、或是臺灣意識論戰的時代意義，都反映當時臺灣社會多元而複雜的認同意識形態。

然而二〇〇〇年代以後發生的一系列藝人認同爭議事件（張惠妹、S.H.E.、林志玲、周子瑜、戴立忍、陳艾琳、林心如、柯宇綸、宋芸樺……），雖然延續著國共對立的歷史情結，但兩岸政治經濟環境已產生巨大的變化，一方面在影視產業，過去從中國往臺灣取經的局勢已然翻轉，現在中國節目的大資金與大規模陣容，反襯出臺灣在商業影視發展逐漸落後，因此也愈來愈多臺籍藝人「錢進」中國，尋求更好的機會；二方面網路社群平台的出現，使得人人都可以透過平台發聲、互動、組織線上或線下運動，提供了中國網民透過社群平台舉報與發起集體抵制的技術背景，進而醞釀出網路國族主義，與過去的國族主義內涵具有許多差異，本書即從這個視野進行討論。

無獨有偶，港籍藝人同樣面臨了認同危機，特別在二〇一四年香港雨傘運動以後，曾經支持該運動的港籍藝人陸續遭到中國網友舉報與抵制（何韻詩、黃秋生、杜汶澤、林夕、周潤發、謝安琪……），被標籤為「港獨分子」，除了反映香港回歸以後，對於「中國認同」與「香港認同」的矛盾持續存在與深化，也凸顯臺籍藝人與港籍藝人認同爭議事件具有某種共同的特徵，而這個特徵與中國網路國族主義的發展具有緊密關係，這是本書進行討論的第二個視野。

此外在研究方法，本書借助語料庫分析方法來觀察網路鉅量文本的詞彙使用趨勢，與傳統量化、質性研究具有差異。網路新聞與社群平台動輒數以千計、萬計的文本內容，經常使研究者苦惱該如何著手分析，且過程中不會漏掉重要的文本，語料庫分析方法正是為了這類鉅量資料應運而生，若尚未聽過或使用過該方法的讀者，也適合透過本書進一步認識語料庫分析方式。

本書改編自筆者的博士學位論文，共七章，第一章敘述研究背景及目的，包括近期藝人認同爭議事件介紹、臺港中三地的國族認同情結、中國網路國族主義的興起、三地影視產業局勢的變遷。第二章梳理相關文獻，聚焦於媒體與國族認同、文化迴圈理論以及中國網路國族主義三個面向的討論。第三章說明研究問題與方法，包括研究場域（官方媒體網站報導、官方微博帳號貼文與評論、藝人微博帳號貼文與評論）、蒐集資料方法與資料集描述，以及如何使用語料庫工具結合質性論述的分析方式。

第四章呈現語料庫分析初步結果，包括臺港藝人爭議事件中的文本關鍵詞頻、關鍵詞歸類、顯著詞比較。第五章透過關鍵詞脈絡索引，找出重要文本進行質性論述分析，分別敘述官方新聞如何定調事件性質、集體用詞的他者與我群範圍、網路國族仇恨對象的外溢。第六章，透過文化迴圈理論詮釋中國政府對臺港兩地影視產業的政策優惠與圍堵封殺。第七章針對前述發現進行綜合討論與總結，並提出研究建議與限制。

楊鎵民

二〇二三年七月一日

目錄

CHAPTER

01

研究背景及目的

第一節　臺港藝人認同爭議事件

二〇一六年一月十五日，南韓藝人經紀公司 JYP 娛樂迫於中國網民集體抵制的壓力，除了發函正式道歉，並要求旗下臺籍藝人周子瑜向中國民眾致歉。透過 YouTube 社群影音平台，周子瑜承認她在韓國綜藝節目中「持中華民國國旗、介紹自己來自臺灣」是錯誤行為，並表明支持「一個中國原則（中華人民共和國）」，以澄清被認為是臺獨藝人的指控。該事件除了彰顯中國消費市場的宰制力量，還有國族意識形態在中國與臺灣關係之間的拉扯，透過網路社群平台，代表中國網民的中國國族意識欲將臺灣社會納入其認同範圍的一環。

兩岸由藝人認同爭議導致的國族意識衝突，稍早可追溯至二〇〇〇年五月二十日張惠妹事件。在中華民國首次政黨輪替的總統就職典禮上，原住民藝人張惠妹應邀在典禮演唱國歌，該舉動旋即引起中華人民共和國不滿。媒體報導稱中共文化部指控張惠妹支持臺獨，並下令中國各中央與地方媒體下架張惠妹代言的廣告，禁播其演唱的歌曲，以及不批准張惠妹到中國演出，等同全面封殺她在中國的娛樂事業。[1] 臺籍藝人因認同傾向遭到中國社會抵制的案例，引發本研究興趣——二〇〇〇年以後層出不窮的抵制臺籍藝人事件反映出中國與臺灣的關係經歷了何種轉變？中國社會如何看待臺籍藝人言論與事件？以及其所投射出的中國國族主義的內涵出現了何種變化？

張惠妹事件之後，臺灣藝人因政治認同問題遭到中國官方或民間抵制的事件日漸增加。二〇〇五年中國媒體報導臺籍女子偶像團體 S.H.E. 在蘭州受訪時，曾表示「我們不是中國人，我們是臺灣人」，引起中國網民群情激憤，謠言波瀾致使經紀公司趕忙出來澄清該報導為網路不實流言。[2] 同一年，臺灣名模林志玲則被上海《東方早報》與《新華網》揭露其家庭皆是深綠支持者，因而遭

1／王玉燕，2005年5月25日。

2／蘋果日報，2005年4月22日。

到中國網民圍堵，認為抵制林志玲便是抵制臺獨。[3]

若是「支持民主進步黨」與「強調自己並非中國人」等同支持臺獨，二〇一三年張懸事件與二〇一六年周子瑜事件則反映出中國網友對臺獨定義的轉變。二〇一三年十一月二日，臺籍藝人張懸在英國曼徹斯特舉辦演唱會，過程中臺灣留學生遞了一面中華民國國旗給她，接著張懸將旗幟展開並介紹自己來自臺灣。該舉動引發現場的中國留學生粉絲不滿，除了當場大喊「No politics today!」（今天不談政治！），演唱會後還在中國網路社群平台豆瓣網貼文批評，引來中國網民號召抵制，指控張懸是臺獨歌手，外傳張懸在同年底的北京演場會取消，便是受到牽連。[4]

尤其近幾年臺籍藝人因認同問題遭到抵制的事件愈演愈烈，中國網友對臺獨的定義也不斷的重組與延伸。二〇一四年太陽花學運以後，掀起一波中國網民舉報風潮。曾經表態聲援抗議運動的臺籍藝人，當他們試圖赴中國開拓演藝事業時，其過去透過社群網站發表的言論往往被中國網友仔細檢驗，並將支持學運等同為支持臺獨，進而中國網友對這些藝人發起抵制運動，封殺臺籍藝人在中國的一切演藝活動。例如二〇一六年七月，中國籍演員趙薇執導的電影《沒有別的愛》，任用臺籍演員戴立忍，不料卻被中共青年團中央的微博帳號起底戴立忍曾參與太陽花學運、香港雨傘運動，批評趙薇公然任用「主張臺獨的臺籍演員戴立忍」，最終迫使趙薇撤換戴立忍。[5]同年十月臺籍藝人陳艾琳赴貴州拍攝電影《女友販賣機》，被中國網友挖出兩年前在臉書的反黑箱服貿貼文：「臺灣是我的國家」、「沒有內地市場，沒有賺人民幣都無所謂」等內容引起中國網友注意，並將她定調為臺獨分子，同樣的結果是陳艾琳遭到導演換角，甚至強調「永不錄用臺獨分子」。[6]

更為極端的例子是二〇一八年一月，臺籍藝人林心如自製自演的新劇集《我的男孩》，在中國播出兩集後遭全面下架，原因僅僅是該劇集獲得臺灣文化部

3／蘋果日報，2005年8月10日。

4／林楠森，2013年11月14日；賴錦宏，2013年11月6日。

5／蘋果日報，2016年7月9日，2016年7月15日a。

6／蘋果日報，2016年10月23日，2016年10月24日。

兩千萬輔導金，卻遭到中國網友舉報為臺獨資助。[7]此例透露兩個觀察國族認同建構過程的重要線索：首先，即便林心如曾於二〇一六年七月在微博轉發「中國一點都不能少」的圖片，將臺灣劃入中國的版圖，明確表示她個人的政治認同傾向，仍可能被舉報為臺獨藝人。[8]其次，將獲得「中華民國政府單位補助」等同於「臺獨資助」，進而抵制演藝活動，除了反映中國社會對臺獨的想像再次經歷轉變，這樣的轉變又投射了兩岸關係甚麼樣的變化呢？

除此之外，並非只有臺籍藝人因認同議題遭遇舉報抵制，曾經支持二〇一四年香港雨傘運動的港籍藝人也同樣遭受到中國網友杯葛，包括何韻詩、黃秋生、杜汶澤、林夕、周潤發、謝安琪等。例如二〇一四年十月二十三日中國官方媒體《新華網》批評杜汶澤、黃秋生、何韻詩「吃我們的飯、還砸我們的鍋」，抱怨這些港星依靠中國市場生存，卻反過來支持雨傘運動，該篇報導也引起中國網友共鳴，群起抵制聲援運動的港籍藝人。[9]而雨傘運動期間，創作與演唱《撐起雨傘》以支持運動的填詞人林夕、已故歌手盧凱彤等皆先後遭到中國網友抵制。[10]

臺港藝人因政治認同傾向遭中國官方、民間抵制的現象，涉及臺港中三地歷史情結、經濟力量消長，以及中國國族主義內涵的轉變，其中網路國族主義的出現在動員群眾，促成情緒化的愛國主義的過程扮演重要角色。在亞洲影視產業的局勢，韓國、日本、臺灣各國演藝人員躍躍欲試進軍中國市場，搶奪十四億消費人口的鴻利。然而當臺港藝人「錢進」中國的同時，則面臨認同歸屬的難題，尤其中國與臺灣在「統一」與「獨立」的問題日漸白熱化；而面對新興的「香港獨立」意識，中國官方也極力壓抑，再加上北京當權者的政策動向，使得中國社會的愛國主義對異議的容忍空間愈趨狹隘，對於當代中國網路國族主義如何回應臺獨、港獨，都值得本研究進一步探索。

7／蘋果日報，2018年1月7日。
8／蘋果日報，2016年7月15日b。
9／蘋果日報，2014年10月23日。
10／蔡曉穎，2015年12月25日；博聞社，2015年11月27日。

第二節　臺港中的國族認同情結

臺港中三地國族認同情結有其個別的歷史背景，首先在臺灣與中國的國族認同情結淵源於國共戰爭，在一九四九年國民黨政府撤退臺灣以後，形成國共長期隔海對峙的政治框架，並受到兩地社會各自發展出現的中國國族主義與臺灣國族主義意識影響。

一九四九年以後國共隔海分治，官方意識形態的對壘在「一個中國」的框架下追求政權統治的合法性，中華人民共和國與中華民國都自居唯一代表中國的政府，除了圍繞臺海諸島的軍事衝突，國共也在外交努力爭取各國對自身政權的認可。實際上，兩岸都在中國國族主義的意識形態下進行各自統一的事業，而差異在於中華人民共和國在社會主義帶領下透過武力解放臺灣，實現國家統一；反之中華民國則在反共復國、三民主義統一中國的軌道上執行統一事業。[11]

而臺灣國族認同雖然可以追溯至日治時期的臺灣自治運動、臺灣白話運動，但是在國民黨政府接受臺灣後便以「中國化」與「去日本化」做為施政主軸，推動國語化政策，由教育上推行說國語、用國語、讀中國歷史，藉以根除臺灣人的殖民文化，打壓臺灣本地語言；另一方面，則透過大眾媒體報紙與廣播宣傳「反共」、「匪諜防範」的思想，播送反共歌曲、中國歷史人物介紹、中國國樂等節目以灌輸中國意識與反共意識給臺灣人民。[12]

臺灣國族認同在國民黨威權時代長期受到壓抑，然而隨著七〇年代「兩個中國」在軍備競賽與國際局勢的此消彼長，中華民國退出聯合國、臺日斷交、臺美斷交等一系列外交挫折，則使國民黨政府面臨「代表中國唯一合法政權」的統治合法性遭到質疑，黨外運動在七〇年代末期風起雲湧，在政府與主流媒體宣傳救亡圖存的愛國精神的同時，臺灣國族認同則逐漸浮上檯面，並隨著中

11／周建明，2001；林果顯，2005。

12／吳叡人，2001；陳培豐，2006；林果顯，2007；黃順星，2018；蕭阿勤，2012。14

壢事件、美麗島事件以及省議員林義雄滅門慘案一系列反映國家機器暴力的事件受到激化。[13]

臺灣解嚴及其後〈懲治叛亂條例〉、〈刑法〉第一百條的廢除，臺灣國族認同與臺獨在九〇年代初期能夠被公開、廣泛的討論，[14]民主進步黨在一九九一年十月通過〈建立主權獨立自主的台灣共和國〉基本綱領（俗稱〈台獨黨綱〉），象徵臺灣國族主義成為島內的一股主流。臺灣國族主義的檯面化、主流化，不僅在島內引起「統一」與「獨立」的爭議，在原先國共中國國族主義框架的政權鬥爭，也隨之上升為國族意識型態的鬥爭，尤其當傾向獨立的民主進步黨在總統選舉獲得勝利時，兩岸關係則愈趨緊張。

至於香港與中國的國族認同衝突則相對是晚近的現象，因為香港國族認同與港獨的出現是近幾年開始被大量討論與宣傳。二〇一四年二月，香港大學學生會以「香港民族命運自決」為專題發表四篇論文，九月學生會刊物《學苑》將四篇論文加上吳叡人、練乙錚、孔誥烽、徐承恩及蘇賡哲的文章結集出版《香港民族論》。同年九月底爆發雨傘運動，是香港一系列爭取真普選運動的高潮。

這引來當時的香港行政首長梁振英點名《香港民族論》為港獨刊物，批評雨傘運動學生領袖的錯誤主張。[15]梁振英的批評不僅彰顯香港國族主義浮上檯面，也反映出香港認同與中國認同矛盾的激化。

在香港社會，認同自己為「香港人」或「中國人」是動態轉變的過程。觀察香港大學民意研究調查，二〇〇八年中國舉辦奧運前夕，香港民眾認同自己為「香港人」達到最低點（18.1%），反之認同自己為「中國人」則達到最高點（38.6%）。然而在二〇一四年雨傘運動前後幾年情勢逆轉，尤其是一四年到一八年，認同「香港人」維持在四成，而認同「中國人」則屢創新低，普遍維持在兩成以下。[16]香港民眾在認同自己為「香港人」或「中國人」的游離，呼應了一四年由香港大學學生會與雨傘運動帶起的「香港國族主義」風潮。

13／若林正丈，2008／洪郁如、陳培豐譯，2014；湯志傑，2007；蔡篤堅，1996。

14／陳佳宏，2006。

15／甘欣庭，2017；明報新聞網，2015年1月14日；關鍵評論網，2015年1月14日。

16／香港大學民意研究計畫，無年代。

追究香港國族意識出現根源，有研究者追溯至十九世紀英國殖民以來，遷徙至香港落地生根的華人在地認同；以及港英殖民政府一百五十餘年相對穩定與連續的統治，並創造出一個以香港、九龍與新界為領土邊界的準主權領土國家。[17]但是明確的香港國族意識興起更可能源自一九九七年回歸後的「港中矛盾」，即九七年香港併入中國以來對香港本地認同與利益造成的種種威脅與損害。在政治上，北京阻礙港人實現普選、培育殖民協力者。

在社會上，策略性地移入內地人口，同化港人為中國人。在經濟上，收編香港壟斷資本階級，激化階級對立，並且創造香港依賴內地的經濟依賴結構。在意識形態控制上，緊縮香港新聞自由以及實施中國國族主義框架的教育體制。這些政策必然對香港本土原有的資源分配、社會體制、價值觀與文化認同造成嚴重衝擊，因此導致本土社會的抵抗，促成香港國族主義的興起。[18]

第三節　中國網路國族主義的興起

二〇一六年一月發生的周子瑜事件，不僅在中國社群網站掀起一波抵制JYP娛樂與周子瑜的風潮，網友甚至「翻牆出征」臉書，揚言「不打臺灣，專攻臺獨」，留言遍布《蘋果日報》、《三立新聞網》與蔡英文總統等政治人物粉絲專頁，並與臺灣網友透過貼圖互相攻訐，因此該事件亦稱「臉書貼圖包大戰」。[19]大量的情緒性評論、貼文，彰顯中國網路國族主義動員的力量，以及強烈愛國主義情感宣洩的特徵。

早期的中國網路國族主義出現於大學BBS網站，一九九六年臺海危機，美

17／吳叡人，2015；徐承恩，2015。

18／吳叡人，2015，頁78、82、83。

19／觀察者，2016年1月21日；fengshangyue，2016年1月20日。

國派遣航空母艦部署臺灣東北海域，引起中國北京大學、清華大學 BBS 網民義憤回應要「與美軍血戰」、「立即統一臺灣」；同年八月，日本在釣魚臺主島設置燈塔宣示主權，除了引發學生線上抗議，還動員線下罷課運動，更有數位學生宣稱「欲透過遙控機攜帶爆裂物攻擊日本駐華使館」，招致中國官方介入網路管制，關閉負責領導動員的 BBS 網頁「北大陽光創意站」。[20]

除了網際網路普及的因素，前述例子顯示臺灣問題與釣魚島主權爭議是中國網路國族主義的催生者，由民間動員的國族主義運動如脫韁野馬，也凸顯有別於官方動員的愛國主義，及其情緒化特徵。這類特徵在中國遇到外交爭議時便會反覆重演，二〇〇八年中國民眾為抗議法國總統接見達賴喇嘛，而聚集家樂福門市抗議、焚燒法國國旗；二〇一二年則受到日本政府宣布將釣魚臺國有化的刺激，民眾大規模上街抗議、砸毀日系轎車、攻擊店鋪、打傷路人，這些事件都能夠看見網路國族主義在其中鼓吹、動員與組織。

另一方面，一九九九年《人民日報》創立《強國論壇》，標幟了官方媒體加入網路宣傳的開始。《強國論壇》代表官方國族主義在網路上的喉舌，並直接由中央宣傳部管理，也影響了中國網路國族主義的型塑。[21]在網路用語，形容被中國政府雇傭的「網絡評論員」稱為「五毛黨」，他們常以一般網民身分洗版評論，試圖引導輿論風向。「五毛黨」是中國政府管制輿論的一個顯例，然而一篇報導指出，二〇一三年以後中國政府更為積極的介入社群網站微博、微信，例如「復興路上工作室」、「共青團中央微博」、「俠客島」、「學習小組」為代表的官方網路視頻、微博、微信帳號開始展開大規模宣傳活動，除了中央組織，各級地方組織亦大量加入微博宣傳。[22]

二〇一七年由南韓部署薩德系統所引起的中國反韓風潮，以《新華社》一篇〈中國不歡迎這樣的樂天〉為首，呼籲民眾抵制樂天集團在中國境內的零售超市、免稅店、食品商品，從而共青團中央微博、《環球時報》與各級黨媒紛

20／Wu, 2007。

21／Qiu, 2006。

22／傑伊，2016年8月1日。

紛響應，形成了「官辦激進民族主義」的特徵，透過社交媒體，由官方媒體動員群眾，達到控制網路輿論走向。[23]

在中國網友抵制港臺藝人認同爭議事件中，也能看見《新華網》、《人民日報》、《共青團中央》、《環球時報》的微博帳號、組織參與其中。例如雨傘運動發生期間，新華網微博帳號發表一則貼文〈「杜汶澤」們，休想吃我們的飯，還砸我們的鍋〉，帶頭抵制杜汶澤、何韻詩、黃秋生等支持雨傘運動的港籍藝人。因此，透過觀察臺港藝人認同爭議事件過程的官方媒體新聞與微博貼文內容，應能更進一步窺探中國網路國族主義運作過程中官方媒體所扮演的角色。

第四節　三地經濟與影視產業變遷

近二十年來，臺港中的影視產業局勢在人才流動與節目水平經歷了大洗盤，臺灣綜藝節目曾在中國一九八〇年出生的世代佔有舉足輕重的影響力，過去曾流傳「中國綜藝至少落後臺灣綜藝二十年」一席話，然而這二十年內的變化，從中國節目往臺灣取經，扭轉為中國節目往歐美取經，臺灣藝人往中國發展，甚至出現影視幕後人員組也跟著進駐中國，[24]中國節目的資金、內容、明星陣容皆彰顯出臺灣在商業影視發展逐漸落後。剔除資金因素，中國節目明星陣容有一大部分來自臺灣藝人：「從《爸爸去哪兒》中的林志穎，到《中國好聲音》中的庾澄慶、齊秦，再到《我是歌手》中的張宇、林志炫和彭佳慧，很多台灣藝人因為這幾檔節目爆紅，贏得眾多粉絲，事業梅開二度。就連『台灣綜藝教父』王偉忠，也在二〇一三年帶著旗下藝人先後上了兩檔大陸綜藝節目：《中國夢之聲》和《中國達人秀》。」[25]

23／楊山，2017年3月2日。

24／i黑馬，2014年8月7日。

25／NOWnews，2015年12月15日。

二〇一七年一份由中國統計的藝人收入百名排行榜就有十三位藝人來自臺灣，包括周杰倫、林志玲、陳喬恩、蔡依林、張惠妹、羅志祥、吳奇隆、趙又廷、彭于晏、陳妍希、林心如、徐熙娣、霍建華，加上來自香港的藝人十四位，總共佔兩成七。[26]這些臺港藝人是到中國發展成功的顯例，更遑論冰山底下無數嘗試到中國發展的藝人與幕後製作人員。

臺灣藝人前往中國發展的原因，就外部因素，最直接是高昂的酬勞。臺劇一集製作費平均二百零五萬元，而中國劇一集則為七百三十六萬元，場面浩大的古裝劇更超過千萬元，例如《武媚娘傳奇》一集成本就要一千五百六十二萬元。至於臺灣綜藝節目製作費平均一集九十六萬元，而中國綜藝節目平均一集高達三千三百九十一萬元，是臺灣製作費的三十五倍，其中《奔跑吧兄弟》第二季一集成本高達八千三百三十三萬元。

其次是看好數以萬計中國粉絲的影響力，以及中國提供了更多元的創意空間與舞台：「甚麼節目都有，談話、音樂、戲劇、綜藝真人秀、文化、教育，台灣就比較單一。」[27]這段話也反映了藝人出走的內部因素，即臺灣商業節目缺乏多元內容的侷限。二〇一五年第五十屆金鐘獎，綜藝節目獎入圍名單罕見出現「從缺」，金鐘獎評審主委藍祖蔚表示：「評審人員已全面看完所有報名節目，從中『勉強』、『盡力』的選出的入圍名單，但現在的節目普遍品質低落、創意不足、娛樂低落、知識沒有，唯一進步的是科技，不符合評審的專業堅持。」[28]道出臺灣影視產業嚴重倒退的現實處境。

節目單一化的背景因素來自一九九三年臺灣通過《有線廣播電視法》，開放民營有線電視系統，致使電視臺數量大幅膨脹，瓜分固定市場的廣告收益。[29]由競爭廣告主衍生的重視「收視率」，則導致臺灣節目出現跟隨收視率表現而相互模仿的現象，也因此製作單位往往消極逃避風險而錯失創新時機。[30]

26／中環街市，2017年5月4日。
27／NOWnews，2015年12月15日。
28／葉君遠，2015年8月26日。
29／i黑馬，2014年8月7日。
30／吳品儀、李秀珠，2011。

在香港影視產業，同樣出現藝人「北上」內地發展的人才外流趨勢。在經歷七、八〇年代香港電影的黃金時期後，電影產業同樣面臨內容重複、粗製濫造的問題，使得資本開始退出，電影業發展在一九九三年逐漸下滑，而必須透過來自內地的資金與市場支持。[31]

另一方面，二〇〇三年中國與香港簽屬《內地與香港建立更緊密貿易關係的安排》（CEPA），條款內容之一即在鼓勵中港合拍片，由於合拍片被中國政府視為國產片，因此不受配額限制，並且與中國電影享有38%至43%的票房分成。[32]在政策優惠的利誘下香港電影業趨之若鶩，二〇〇二年前中港合拍片的產量佔香港電影的一成五，二〇一二年已逾六成。[33]然而政策優惠，也使得合拍片比港產片更有競爭優勢，甚至擠壓港產片發展空間，二〇一一年港片票房前十大中有八成是中港合拍電影，加深香港電影產業對中國市場的依賴。[34]

無論是臺灣或是香港藝人選擇到中國發展的動機，皆在於高額的酬勞與更有發展潛力的舞臺。於是乎在涉及三地影視產業的轉變，臺港中三地國族認同衝突的白熱化，以及中國網路國族主義的勃興，藝人作為群眾關注對象，其認同傾向的展演往往容易受到放大檢視，因此臺港藝人認同爭議的事件層出不窮；但另一方面，爭議事件也投射出影視產業局勢、國族認同衝突與網路國族主義三者之間的關係與互動歷程。

第五節　研究目的與預期貢獻

本研究目的，透過分析臺港藝人國族認同爭議案例，以了解中國網路國族主義在事件過程的運作與樣貌。詳細來說，本研究透過觀察中國官方網路媒體報導、官方組織與藝人微博帳號的貼文與網友評論，並聚焦於臺港中國族主義

31／丁舟洋，2017年8月23日。
32／李政亮，2018年4月18日。
33／陳澔琳，2018年7月23日。
34／田又安、祥洪濤，2013。

的衝突，分析並詮釋中國網路國族主義的再現樣貌。問題意識包括官方網路媒體與微博貼文的中國國族主義論述樣貌為何？中國網民針對事件的評論反映了何種國族意識？是否與官方媒體的愛國意識產生差異？兩者之間呈現何種互動關係？官方媒體的國族論述是否影響民眾的論述框架？以及對於臺獨與港獨的定義經歷了何種變化？臺港藝人身處的影視產業文化迴圈樣貌為何？研究結果希望提供臺灣社會認識中國網路國族主義的一個參照，並在學術上對網路國族主義研究提出一些貢獻。再者，也提供讀者理解臺港藝人到中國發展所面臨的困境。

CHAPTER

02

文獻架構

第一節　媒體與國族認同建構

一、國族認同與社會建構

社會人類學者蓋爾納（Ernest Gellner）定義國族主義是一項政治原則，該原則主張政治與國族的組成單元必須等同一致，種族的界限不得超越政體的疆界，因此國族也是關於「政權正當性」的理論。[1] 國族主義情操則是因為違背上述原則所激發的憤怒感，反之則因為該原則獲得實現而得到的滿足感。[2] 例如在臺港藝人認同爭議案例中，中國網友杯葛「臺獨」或「港獨」藝人，便是由於中國社會對國家完整疆界（包括臺灣、香港）的想像恰恰與臺獨、港獨意識相悖，進而產生憤怒情緒。

蓋爾納將國族概念區分為「文化」與「主觀認定」兩種起源，前者意指當兩個人分享同一個文化時，這兩個人才屬於同一國族；[3] 後者則是只有當兩個人「承認」彼此屬於同一個國族時，這兩個人才屬於同一國族，因此國族也是個人的信念、忠誠與團體歸屬的產物，[4]這也彰顯「承認」的過程便是「個人的國族認同抉擇的操作化過程」。社會建構論的視角，便是聚焦於國族認同形成的過程，而非圍繞在國族主義的本質（如種族特徵與血緣）追根究柢，因此本研究透過觀察媒體如何促成國族認同的形成，便是站在社會建構論的視角觀察「國族認同抉擇的操作化過程」。

在相關研究中，例如歷史學者霍布斯邦（Eric Hobsbawm）以歐洲官方國族主義建構過程為例，提出「傳統的發明」（the invention of tradition）。霍布斯邦主張國族意識的形塑仰賴於特定被建構的「傳統」得以實踐，意指過去被看做傳統的儀式與習慣，實則為近代被「發明」的產物，用以凸顯國族的古老意象。霍布斯邦觀察一八七〇年至一九一四年官方國族主義建構的過程，藉

1／Gellner, 1983／李金梅、黃俊龍，2001。
2／同上引，頁1、2。
3／同上引。
4／同上引，頁8。

由公共儀式、紀念碑、雕像、建築、國旗、格言等發明以創造傳統，並搭配教育機構的灌輸來強化群眾的國族意識。以法國第三共和時期為例，為了捍衛政權免受社會主義與右翼的攻擊，法國政府採取一系列發明傳統的政策以維護共和國與共和主義。例如法國政府將巴士底獄日訂為國慶日（距離一七八九年法國大革命到一八八〇年訂定國慶日，中間相隔了九十年），以及興建服膺共和國形象與富有愛國主義象徵的人物紀念碑，來凝聚法國國族主義，強化新政權的穩固性。[5]

歷史學者諾哈（Pierre Nora）則透過「記憶所繫之處」（Les Lieux De Memoire）說明人們在認同抉擇與建構的過程。諾哈強調記憶所繫之處是一種「記憶」與「歷史」的互動，成為記憶所繫之處除了擁有物質與功能的特質，還必須具有象徵性。例如一間檔案館，只有在人們的想像力賦予它象徵性時，檔案館才會變成記憶所繫之處。又如純具功能性的教科書、遺囑等，也只有在兩者同時也是某種儀式的對象時，才能被視為記憶所繫之處。因此並非任何具有物質性或功能性的歷史資料、遺跡、物件等皆能成為記憶所繫之處，而是在它同時擁有象徵性，使人們把集體記憶寄託在它身上的時刻。也因此，這種象徵性亦會隨著「人們對於過去的操作」產生改變。[6]

霍布斯邦與諾哈關注官方政府與民眾對於認同形塑的操作，而政治學者安德森（Benedict Anderson）則透過「想像的共同體」（Imagined Communities）概念，細究文化歷史、語言文字、印刷媒體之間如何互相作用以形成特定的國族主義，其中「傳播科技」的發展是促成現代國族出現的關鍵要素之一。

安德森以近代國家的起源為例，論證國族主義是近代透過「想像」所建構的產物。安德森主張透過想像出現的國族具有三種特徵：第一是想像具有「疆界」，包括特定人口與領土界線；第二是想像的政治實體是「主權國家」，且這個實體是自由而不受到他者干涉；最後，想像的「群體」忽略人類所具有的階級與剝削關係，在國族旗幟號召下，彼此成為站在同一水平線的同胞，為所

5／Hobsbawm, 1983／顧杭、龐冠群譯，2004。

6／Nora, 1984-1992／戴麗娟譯，2012。

歸屬的群體甘願犧牲奉獻。[7]

建構「想像」的關鍵元素，安德森歸因於「一種生產體系和生產關係（資本主義），一種傳播科技（印刷品），和人類語言宿命的多樣性這三個因素之間半偶然的，但卻富有爆炸性的相互作用」。[8]

安德森說明近代傳播科技的革新配合印刷資本主義的擴張，使小說、報紙等印刷媒體得以大規模的發行，為「重現」國族這種想像的共同體提供了技術基礎。報紙大規模印刷、方言書寫，以及非耐久財的特徵，使閱讀報紙的行為創造了群眾儀式——閱讀報紙的同時，確信在特定區域中還有無數的人也正在閱讀這份報紙，因而經驗想像的儀式。該過程創造了一個匿名的共同體，一個共同擁有此時此地，以及特定語言性質的群體，並進一步昇華為國族主義。

二、媒介特性與認同形塑

詳細說明媒介特性與認同建構的關係，社會學者湯普森（J. B. Thompson）

指出傳播媒介（諸如草紙、書本、報紙、廣播、錄音機、電視、電影等）在傳達符號的過程具有三個特徵——固著性（fixation）、再生產性（reproduction）與時空分延（space-time distinction）。不同於面對面互動使意義的生產和交流只存在於特定的空間與時間，以及憑藉記憶的摸索，首先技術性的傳播媒介賦予符號固著功能，使得意義的傳達具有耐久性。

其次，技術性媒介使特定符號能夠生產出多個副本，尤其是活字印刷術的發明，使符號的再生產更具規模與即時性。第三，技術性媒介使意義的傳達打破時空限制，無限延伸，此即為「時空分延」。尤其電信技術的問世，導致空間與時間的拆夥（the uncoupling of space and time），意義在空間的延伸不必再依靠時間的延伸（例如書信往返費時）。湯普森將此現象視為「去空間化的同

7／Anderson, [1991] 2007, p. 257。

8／Anderson, 2006／吳叡人譯，2010，頁86。

時性」（the discovery of despatialized simultaneity），意指在不同的地區，卻能夠同時經驗特定事件的發生。[9]

針對傳播媒介對於群體歸屬感的凝聚作用，湯普森指出傳播媒介的發展，創造了中介的歷史性（mediated historicity），人們對於過去的感覺，以及過去和現在的連結，逐漸依靠「中介符號」的獲取，知識與認知的儲存等同於符號的累積。因此，傳播媒介的發展亦影響個人的歸屬感。歸屬感來自特定群體的共同歷史記憶、地區，以及在空間與時間的共同軌跡；而媒體傳播和接收過程，則能夠使身處各地的人們形成共同的歷史記憶、經驗與命運感受。透過媒體建構，人們感覺自己屬於某一特定的群體，湯普森進一步將這個創造共同體的現象稱為「中介的社會性」（mediated sociality）。[10]

「去空間化的同時性」概念，早於十九世紀末期法國社會學家塔德（Gabriel Tarde）便已提出類似而深刻的見解。塔德認為十九世紀日益增長的國族主義思想取代了逐漸式微的忠君思想，成為新興的愛國主義，這個現象歸功於報紙強大的力量：「操同一語言的人們之間的思想交換，增加得尤其快，這是由於報紙在發揮作用……國族之間的地理邊界往往和主要的語言邊界混雜……報紙真正有效的影響，止步在報紙使用的語言的邊界線上。」[11] 另一方面，塔德對於報紙輿論的觀察指出：「起初，報紙是對閒聊和通信持久的回應；末了，報紙反過來成為閒聊和通信唯一的源頭……各地分散的群眾，由於新聞的作用，意識到彼此的同步性和相互影響，相隔很遠卻覺得很親近；於是，報紙就造就了一個龐大、抽象和獨立的群體，並且將其命名為輿論。」[12] 報紙的方言特徵、同步性、廣大群眾的相互影響都是凝聚群體歸屬感的關鍵因素。

無論是湯普森提出傳播媒介的固著性、再生產性、時空分延、中介的社會性；或是塔德提及報紙的方言特徵、同步性與群眾的相互影響，這些概念與安德森主張印刷媒體在建構想像的共同體所具有的特徵，皆有異曲同工之妙。

9／Thompson, 1995。
10／同上引。
11／Tarde, 1901／何道寬譯，2005，頁 237。
12／同上引，頁 246。

安德森在《想像的共同體》一書解釋小說、報紙的媒介特性對建構國族主義的作用。小說的媒介特性，是它被設計於「同質、空洞的時間」內展現同時性的特徵。首先，雖然故事中的角色們可能未曾碰面，但都被預設在一個特定的「社會脈絡」裡，具有堅實穩定存在的社會實體。第二，作者將讀者設定為全知者。假設故事中有A、B、C、D四個角色，各自展開生活，但是讀者卻知道所有故事主人翁在「同一時間」做了甚麼事，並使讀者心中喚起想像的世界。這兩種特性促進了國族的想像，因為國族也被設想在歷史長河中穩定發展的堅實的共同體。[13]

安德森舉《社會之癌》（Noli Me Tangere）一書為例，該書是菲律賓國族英雄荷賽．黎剎（José Rizal）於一八八七年出版的小說，內容是關於西班牙殖民菲律賓期間的殘暴與社會貧窮處境。安德森說明該書內容鋪排成功召喚了特定群體（菲律賓人）產生共鳴：

從一開頭就是這樣的意象——數以百計未被指名、互不相識的人，在馬尼拉的不同地區，在某特定年代的某特定月分，正在討論一場晚宴……在「我們會用現在還認得出來的方式來描述」「在安絡格街的一棟房子」這段句子裡暗示的「認得出房子的人」，就是我們—菲律賓人—讀者。[14]

《社會之癌》內容的刻意鋪陳喚起菲律賓人想像的共同體，並且作者在內文穿插塔加洛語（菲律賓當地方言），因此該書的讀者被鎖定在菲律賓人（而非殖民主西班牙人），也只有菲律賓人才能理解書中的弦外之音。因此，安德

13／Anderson，2006／吳叡人譯，2010，頁62、63。

14／同上引，頁64。

森認為許多富有國族主義色彩的小說，便是利用小說的特性，描繪特定的社會情境、人物、語言、事件，與讀者所處的社會產生連結，以召喚想像的共同體。[15]

報紙也具有「同時性」的媒介特徵。安德森指出，記者篩選報導事件與排列版面的行為，本身就彰顯事件彼此之間的關聯是被操作與想像出來。最重要的是報紙的「非耐久財」特徵，創造了群眾儀式，也就是對於同時消費的想像：「人們知道特定的早報和晚報絕大多數機會在這一刻和另一刻之間，只在這一天而非另一天被消費。」[16]當讀者看見一模一樣的報紙在超商、車站、早餐店被消費時，更持續地確信那個想像的世界就根植於日常生活，並創造出一個匿名的共同體；在配合報紙的方言印刷，使得這個共同體具有清楚的「疆界」。

時間推進到廣播與電視普及之後，作為類比媒體，傳播學者斯坎內爾（Paddy Scannell）強調廣播與電視的「日常性」（dailiness）跟「公眾性」（publicness）。在日常生活結構，廣播節目透過時間序列展開，將民眾匯集於一個新的，環繞公共人物、事件，具有條理、秩序且熟悉而可知的公共生活圈。[17]

雖然廣播的「日常性」促成人們對自身世界的想像，與報紙具有同樣的功能，透過語言與廣播的結合凝聚特定的國族主義，[18]但是廣播與電視跟印刷媒體在塑造想像的結構仍有一些差異，前者提供民眾即時接觸公共事務的機會，二十四小時持續播放節目融入民眾的生活作息。因此廣播與電視有別於一次性的印刷刊物，且兩者所觸達的受眾也可能不一樣，[19]例如開車通勤的上班族可能習慣於收聽廣播。

另一方面，菲利普（John C. Phillips）認為電視比印刷刊物更適合作為觀察日常國族主義建構的對象，其中一個原因是電視的傳播範圍不像報紙會受到地區識字率的限制，例如在阿拉伯世界普遍識字率低，電視傳播反而更為便利。[20]菲利普的意見也點出了以圖像、聲音為主的廣播與電視媒體，與印刷刊物在媒

15／同上引。
16／同上引，頁70、71。
17／Scannell, 1996, p. 153。

18／Cormack, 2000。
19／Cormack, 2000, p. 392; Scannell, 1996。
20／Phillips, 2012。

介特性的差異。

再者，電子媒體的出現被認為抵制而非促進國族認同的發展。哲學家麥克魯漢（Marshall McLuhan）在一九六〇年代便預示電子媒體時代來臨，將使得社會型態從文字媒體時期的個人／國族主義轉變為「地球村」，電視、電影、廣播的跨地傳播促成同質化的社會，[21] 即「電子媒體的出現，使整個世界從『外爆』轉向『內爆』，電科技全面延伸了我們的中央神經系統，全球也縮成了小村落，並深度地整合及去中心化。」[22]

然而安德森雖然承認電報的發明、郵政系統的擴大、網際網路的鋪設使世界各地更為緊密連結，進而出現早期的全球化過程。但同時他也說明諸如古巴、菲律賓的海外知識菁英，透過電子媒體持續追蹤母國訊息，並影響母國的反殖民地鬥爭與發展，透過電子媒體凝聚國族認同。[23]

綜上所述，許多研究皆殊途同歸的強調媒介的「同時性」作用在建構想像的世界的重要性，但是印刷媒體與類比媒體在傳播形式，以及由傳播形式所造成國族認同的建構特性亦存在差異。然而傳播科技與環境瞬息萬變，早已從印刷媒體、類比媒體過度到「數位媒體」，進而出現前所未見的「數位匯流」現象。現今，數位時代與網路時代的蓬勃發展，應運而生的新興媒體，包括電腦、數位相機與各式行動裝置，透過位元傳遞內容，同時流通到世界各地。這類新興媒體和傳統印刷媒體在內容載具與使用形式產生極大差異，依此脈絡，國族主義與傳播媒介的關係是否有所改變？新技術媒介的特徵是強化抑或弱化國族主義的凝聚？國族主義與網路媒體的理論意義應有進一步的發展與整理。

21／McLuhan, 1994／鄭明萱譯，2006。McLuhan, 1994, p. 171。

22／施伯燁，2007，頁196；相關概念源自

23／Anderson, 2005。

三、網路國族主義研究概況

數位科技與網際網路的交織創造了一系列新興媒體，尤其網路的出現，使得資訊流通更加便捷，不論是文字、聲音及影像，透過網路及數位轉碼暢流於網路世界，進而傳輸到各種新媒體裝置，包括電腦、智慧型手機、平板電腦、數位相機及MP4等。數位科技除了帶來人類日常生活與文化的衝擊，新技術媒介的特徵對國族主義的建構勢必產生不同程度的影響與意義。

人類學者埃里克森（Thomas Hylland Eriksen）說明網路具有多種傳播技術與溝通模式（從一對多到多對多），包括聊天室、電子信箱、部落格、網站、論壇等，網路與其他傳播科技最主要的差異是網站能夠隨時更新、易於架設、成本低廉。詳細來說，例如聊天室是一個虛擬卻緊密的空間，使用者透過獨一無二的用戶名與帳號登入參與聊天，溝通互動的過程就如同口頭對話，兼具自然性與即時性。網路新聞群組則以主題作為區分，涵蓋話題種類廣泛。相較於聊天室，新聞群組的貼文內容則更為持久而有深度。部落格平台則介於新聞、社評、日記之間，也提供留言簿回饋與互動的功能。[24]這些溝通平台皆被宣傳國族主義的特定組織、團體與個人廣泛利用。

本人曾整理兩本國族主義專刊〈National Identities〉及〈Nations and Nationalism〉有關數位媒體與國族主義的研究趨勢，發現數位媒體尤其是網路媒體在凝聚國族認同上，具有去地域化（deterritorialisation）、虛擬社群／國家（virtual communities/nations）、網路的文化親密性（cultural intimacy online）、文化的空間化（cultural spatialised）等特性。再者，相似於安德森提及印刷資本主義在促成國族誕生的作用，數位資本主義（digital capitalism）亦具有相同的效果。[25]

網路的媒介特性，特別對於離散民族而言更能夠凝聚彼此的認同感，而不再受到地域的限制。埃里克森以散居世界各地的庫德族為例，因為文化、語言、藝術表現形式的差異，庫德族長期受到周邊優勢種族迫害，長久以來使他們醞釀出

24／Eriksen, 2007, pp. 7-8。

25／楊鎵民，2019。

獨立建國的意識，那些主動或被迫離鄉的庫德族人則透過網路凝聚國族認同。他們在國外架設「庫德族媒體」（KurdishMedia）網站，網站宗旨以科學的角度研究庫德族的議題，含括語言、藝術與文化，並提供議題討論平台。再者，將庫德族作為一個文明國族推展到國際，宣傳「庫德斯坦共和國」（United Kurdistan）作為一個國家是中東和平的核心。[26]

對於某些沒有或曾經擁有真實國家的群眾，埃里克森則認為網路可以幫助他們建立「虛擬國家」。以南非白人為例，一九九〇年代在南非原住民重新奪回政權以後，南非白人在感嘆國家消亡的同時，則透過網路維繫認同，利用網路空間建構出一個替代性的虛擬國家。[27]

網路也提供獨特的文化親密性，文化親密性指的是「在文化認同中，那些被認為在外人面前難堪之處，反而提供了彼此確認共同社會性（common sociality）」。[28]意即在社會共同體的形成過程，建基於群體內部的共同特質、文化經驗，特別是當經驗到群體內部共同的短處時，並透過日常協商的實踐建構我群的認同以及推動公共議題的發展。[29]

文化親密性的概念原由人類學家赫茲菲爾德（Michael Herzfeld）於一九九六年提出，隨著網際網路出現並做為觀察文化親密性的現象，Kania-Lundholm與Lindgren兩位社會學家將其概念進一步延伸為「網路的文化親密性」。以波蘭社會新、舊愛國主義辯論為觀察對象（以情緒性、排他性、緬懷過往為特徵的舊愛國主義 vs. 以理性、負責任、訴諸公民社會為特徵的新國族主義），網路論壇提供文化親密性的空間，讓波蘭人民可以藉由網路空間發表意見。在過程中不僅使全體民眾加入思考作為現代民主國家的公民之定義，網路的文化親密性還打破地理限制，使散落在歐盟其他地區為數眾多的移民能夠參與議題辯論。Kania-Lundholm與Lindgren指出網路的文化親密性特徵是，社交媒體與網路空間提供了國族內部溝通協商的空間，強化社群內部的連結與親密

26／Eriksen, 2007。

27／同上引。

28／容邵武，2013，頁66; Herzfeld, 1997, p. 3。

29／李安如，2009；容邵武，2013; Kania-Lundholm & Lindgren, 2015。

感，並加速了「作為一個國家」的想像的再生產與中介過程。[30]

然而網路不僅造就賽博空間，在國族建構的過程中，「賽博空間也成為文化的本體」。而 Skop 與 Adams 兩位地理學者則研究移民至美國的印度人與其後裔，發現印度移民藉由使用原鄉民族導向的網站抵抗受到美國主流文化的同化，並維持印度傳統價值與信仰。印度移民透過新傳播技術，將傳統印度文化「空間化」於賽博空間，選擇性地將象徵原鄉的神話、傳說、民族與歷史上傳到網站，因此賽博空間不僅僅是文化交流、保存與傳承的場域，更使得文化具體化於賽博空間，進而形成「文化的空間化」。[31]

而社會學家 Huijsmans 與 Lan 則關注「數位資本主義」如何推動國族意識，提供觀察數位媒體與國族認同建構饒富趣味的分析視角。Huijsmans 與 Lan 圍繞青年、行動電話使用，以及電信產業發展之間的相互影響，論述國族建構在日常生活的實踐。以寮越國界之間的高地少數民族為例，在手機尚未普及以前，由於教育資源匱乏，兩地青年受教程度有限，國家語言侷限於課堂學習，日常生活則以方言溝通為主，然而當電信產業擴張到偏遠高地則產生了變化。

行動電話由於價格低廉，逐漸普及於兩地青年族群。兩地手機共同出自越南國有品牌 Viettel，使用介面為越南語，其中簡訊服務價格低廉，成為青少年使用手機溝通的主要方式。經驗想像的共同體發生於，其一、在越南能夠被讀寫的國語超脫學校教育資源有限的桎梏，透過手機開始被大量使用，因而在使用國家語言的過程中，青年持續經驗想像的共同體的儀式。其二、寮國少數民族青年則因為看不懂越南文的手機介面，頻頻越界向越南人請教，而在此過程中則確立兩者之間的國家歸屬劃分——寮國人／越南人。[32]

再者，Viettel 的廣告宣傳看板林立偏遠山區，內容中的越南語及象徵國家的圖像也成為建構國族主義的催化劑。以及 Viettel 為了促銷行動電話所贈送的產品或內容，如官方版的日曆、定期在國定紀念日發送簡訊祝賀詞，在達到廣

30／ Kania-Lundholm & Lindgren, 2015。

31／ Skop & Adams, 2009。

32／ Huijsmans & Lan, 2015。

告效果的同時，卻連帶的為越南青年凝聚想像的共同體——在收到祝賀詞的同時，也想像其他（越南）人正在觀看螢幕。[33]

除了上述各種國族主義分析視角，本人從網路國族主義案例中發現網路媒體的「即時性」、「互動性」與「跨國／跨地論述對話」特徵。以藝人周子瑜國旗事件為例，在「即時性」，二〇一六年一月十五日周子瑜透過 YouTube 向中國人民致歉的影片，在短短二十四小時之內創造了三百萬點擊率，並受到主流媒體與社群網站大量轉載，相較於傳統媒體，周子瑜事件的聲量高峰與周期經由網路媒體傳播而更加快速與短暫。在「互動性」，臺灣民眾透過網路社群平台討論事件，互相建構及凝聚認同情感，使得「我群」之間更加親暱而同仇敵愾；而中國網友將「中華民國國旗」等同「臺獨」的言論，由下而上的進一步觸發臺灣民眾連結國旗與臺獨之間的關係，促成國族認同議題的「跨國／跨地論述對話」。

本研究基於上述研究成果，進一步探討網路媒體的特質，如數位資本主義、即時性、互動性、跨國／跨地論述對話等，進一步探究社會環境、生產形式、媒體特徵對國族意識建構的交互作用。[34]

第二節　娛樂產業的國族主義文化迴圈

若一九九〇年代新一波的中國國族主義出現是「中國經濟崛起」的產物，那是何種經濟運作的下層結構決定了上層結構的意識形態與國族認同，特別在本研究關注的「文化場域」（臺港中影視產業）之意識型態運作過程？本研究試圖引介社會學家保羅・杜蓋伊（Paul du Gay）等人在一九九〇年代提出的「文化迴圈」（the circuit of culture）分析架構，從「再現」、「認同」、「生產」、

33／同上引。

34／楊鎵民，2016。

「消費」與「規範」五個端點，抽絲剝繭的詮釋臺港中影視產業的樣貌。[35]

在杜蓋伊等人一九九七年出版的書籍《做文化研究：索尼隨身聽的故事》（Doing Cultural Studies: The Story of the Sony Walkman），透過分析數位隨身聽 Sony Walkman 如何成為全球流行產品的過程中，指出它並非只是一個商品，它還承載了一種對流行時尚、青少年文化的消費認同。藉由這個例子，杜蓋伊等人透過文化迴圈分析架構一一拆解 Sony Walkman 如何形構一個消費文化面貌。因此本研究認為在影視產業中從藝人到電影、戲劇、唱片、演唱會等皆是商品，亦受到文化迴圈概念提及的再現、認同、規範、生產、消費過程影響，所以文化迴圈適合本文作為觀察影視產業與文化認同關係的研究取徑。[36]

詳細介紹文化迴圈的五個分析面向，首先「再現」即生產者透過語言傳達文化意義，並影響消費者對於特定事物的認同（在網路時代，消費者亦能夠透過語言的再現影響生產者的認同）；「認同」是抽象的概念，對我群的認可，即是對與自身一致的對象建立共有共享的想像共同體；「生產」指涉及產品從設計、原料選取、生產方式、生產流程、產品銷售以至物流安排的完整生產過程。

在這個過程中，生產者會嘗試為產品附加意義，建構產品的象徵與符號以增加消費者對產品的認同，維護兩者的紐帶，促進消費意願。「消費」是指消費行為的日常儀式與實踐，消費行為涉及消費者的接受資訊方式、購買因素、購買習慣（時間、地點、次數）與價值觀等模式。最後是「規範」，包括政府組織的明文規定、法令，與潛在產業行規、社會規範，皆會影響產品的生產模式與再現。[37]

每一端（再現、認同、生產、消費、規範）都涉及意義的產製，並與下一端相接合、連結在一塊。[38]除此，在意義的產製過程必須透過「語言」（包括影

35／Paul du Gay et al., 2013。

36／同上引。

37／李傑輝，2017，頁3-4; Hall, Evans, & Nixon, 2013; du Gay et al., 2013。

38／Barker, 2016／羅世宏譯，2018。

像、口語、寫作等）傳達，而「媒體」則扮演至關重要的中介角色，特別在現代傳播科技發達，促成全球性的傳播與溝通，使意義能夠在不同文化區塊流動進而相互影響。[39]

無論是Sony Walkman抑或是臺港中影視產業內的藝人與其產品，除了都是具有豐富文化意義的產品，且都涉及了複雜的意義產製過程。而文化迴圈概念則提供了本研究一個分析架構，跳脫單純分析藝人認同爭議的文本論述，轉而從各種不同的面向去討論藝人認同爭議背後反映的整體臺港中影視產業的局勢變化。簡而言之，透過文化迴圈分析，本研究拆解貫穿於再現、認同、規範、生產與消費面向的國族主義元素。本研究先嘗試歸類臺港藝人的文化迴圈以做為例子說明，並預期在分析資料以後會有不同的複雜樣貌，請見圖1：[40]

39／Hall et al., 2013。

40／資料來源：改繪自Doing cultural studies: The story of the Sony Walkman (p. xxxi), by P. du Gay et al., 2013, Milton Keynes, UK: Open University。

圖 1：赴中國發展的臺港藝人文化迴圈

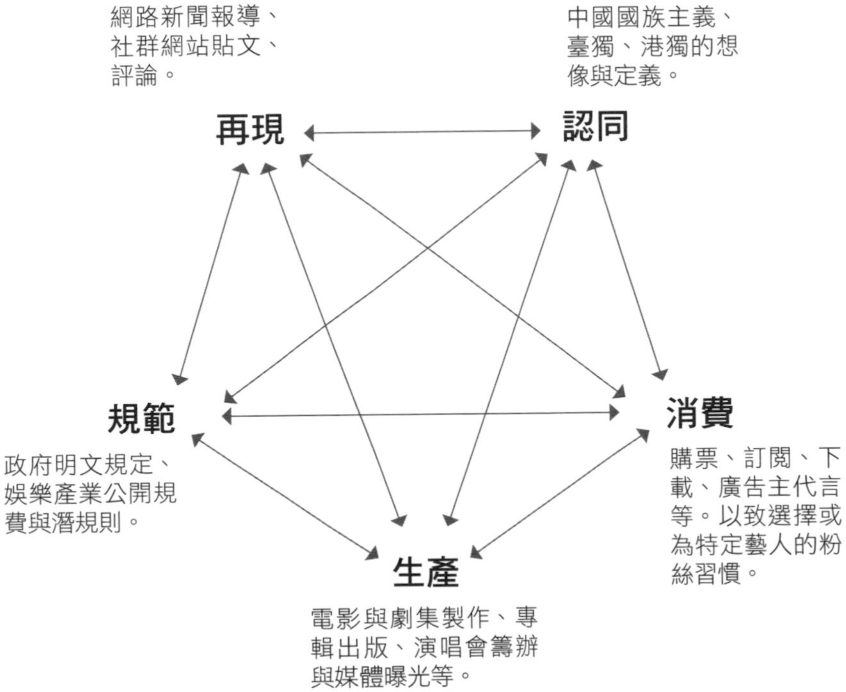

處理資本主義、文化產業、國族認同三者之間的關係，以及「媒體」作為中介角色，過去文獻多有著墨。例如社會學家阿帕度萊（Arjun Appadurai）研究印度板球運動的在地化過程，發現電視透過方言轉播除了為印度民眾與英語世界搭起溝通的橋樑，民眾觀看印度球員在國際運動場上為國爭光，則進一步強化了在地印度的國族認同。除此以外，阿帕度萊指出印度板球運動在地化的同時，也利於國際資本與在地資本的流動，從賽事的直播、轉播，到書籍、報紙報導、運動雜誌等周邊商品的販賣，一方面使印度民眾持續經驗「認同想像」的過程，二方面資本則從中獲利。[41] 因而阿帕度萊認為「板球現在不再是將黑膚人和棕膚人社會化以符合帝國禮節的工具，而是動員民族情感以便建構跨民族奇觀和商品化的手段」。[42]

其次，文化產業的跨國資本流通得力於全球化的現象，而「國族認同／在地認同」則成為跨國資本叩關在地市場的工具，學者 Miller、Govil、Mcmurria 與 Maxwell 將這個現象稱為新國際文化勞動分工（New International Division of Cultural Labor，簡稱 NICL），他們認為相對於跨國企業前往第三世界雇用低廉的人力資源製造有形的商品，無形的文化商品也經歷全球化的勞力重新配置。[43]

以好萊塢全球化為例，一方面透過吸收國外演員，製片與拍攝場景外移等策略降低製作成本，一方面則反過來利用在地演員、場景、故事訴求，透過跨國合製等手段打進在地市場。對於全球化框架下的在地空間，則淪為好萊塢生產所需的場地及勞務供應地，並納入 NICL 的一環。因此，多元文化反而成為美國跨國主義的生意策略與市場延伸的工具。[44]

學者 Miller、Rowe、Mckay 與 Lawrence 透過分析一九九〇年代美國職棒聯盟 MLB 雇用海外運動員現象，進一步的闡述 NICL 如何運用在地認同／國族認同打進在地市場。一九九〇年代美國職業棒球聯盟 MLB 面臨「生產過剩」的問

41／Appadurai, 1997／鄭義愷譯，2009。
42／同上引，頁 153。
43／Miller、Govil、Mcmurria & Maxwell, 2001／馮建三譯，2003。
44／Miller et al., 2001／馮建三譯，2003。
45／Miller, Rowe, Mckay & Lawrence, 2003。

題，過度高額的轉播權利金與職業選手薪資，迫使職棒聯盟往海外挖掘選手，降低簽約金，並且透過吸納、收編海外選手到職棒聯盟，更能夠吸引海外觀眾，打入當地市場。例如職棒聯盟早在一九八〇年代在拉丁美洲設立棒球培訓機構，負責以低於本國價格的簽約金吸收當地年輕選手。以多明尼加為例，在二〇〇二年分別有八十九位多明尼加籍選手在大聯盟、一千五百六十一位在小聯盟，佔據職棒總選手人數達四分之一。在亞洲，來自日本的職棒聯盟年度 MVP 球員鈴木一朗，則替聯盟賺取每年約三十億美金的高額利潤（包括轉播權利金、周邊商品授權）。這意味著透過鈴木一朗，職棒聯盟成功打進日本在地市場。[45]

NICL 成功運作的因素之一，在於消費者對本地文化工作者的認同；但最重要的原因，在於數位科技的發展，使位於世界各地的觀眾能夠透過衛星電視收看職棒聯盟，支持來自本國的同胞選手。NICL 的核心即在於藉由媒體播送，使職棒聯盟不僅獲得相對低廉的高素質運動人才，還成功開拓海外市場。而運動資本主義結合／利用在地國族認同，促成了全球消費市場。[46]

中國在經濟崛起以後，亦試圖透過「軟實力」影響其他國家，且不僅僅在於獲利，而是透過政府指揮意圖將中國文化灌輸全球。歷史學家德里克（Arif Dirlik）透過「全球現代性」的概念，指出某些標榜自身特殊經驗的國家，雖然反對西方普世的啟蒙精神（民主、自由），卻接受全球資本主義框架，在強化自身國族認同與經濟發展的同時，以「軟實力」名義企圖影響其他國家，成為另一個霸權。德里克舉例中國在全球創辦「孔子書院」發揚中華文化，並試圖箝制學校言論自由，排除異己。因此他認為全球現代性的展現即為全球資本主義與國族主義的構連，皆是受到西方現代國族主義與資本主義的勃興所影響。且「西方文化」的概念在這些大力提倡國族主義的國家，選擇性地被拿來定義何謂國族文化，並被挪用以鞏固少數人的權力而成為壓迫異己的工具。[47]

45／Miller, Rowe, Mckay & Lawrence, 2003。

46／馮建三，2003；Miller et al., 2003。

47／Dirlik／馮奕達譯，2018，頁35。

以中國男子職業籃球聯隊為例（Chinese Basketball Association，簡稱CBA），研究者胡嘉洋觀察臺灣近二十年籃球選手西進CBA的報紙媒體再現，隨著中國經濟崛起，CBA挾帶優勢的經濟利益吸引各國優秀選手加入，成為在全球體系僅次於NBA的亞洲籃運中心，並對臺灣本土職業籃球聯賽SBL造成危脅，吸走本地優秀運動人才，進一步弱化SBL在本地的運作與層級。然而，作為臺灣政治軍事敵人與國族論述的他者——中國，則使得臺灣與中國在全球資本體系的人才流動出現矛盾與衝突。[48]

從政治、經濟、文化三個面向分析，胡嘉洋認為在政治上，報紙對於人才西進的現象選擇沉默與淡化認同議題，凸顯西進球員基於生存的務實考量；在經濟上，報導臺灣菁英球員異於一般球員的身價作為我群的優勢，並單純化人才西進的原因為「經濟利益」；在文化上，則強調臺灣與中國彼此運動文化的差異與衝突，描述臺灣球員到中國後的負面遭遇，以此強化我群的認同意識。因此，媒體對西進的報導再現，不僅參雜著全球資本體系中心（中國）與邊陲（臺灣）的問題，也彰顯臺灣面對人才流失而面臨國族焦慮與抵抗的特殊性。[49]

中國挾帶優勢的資金在運動場域的運作，與臺港中三地影視產業局勢的變遷有異曲同工之處，近二十年臺港皆出現影視人員以及幕後製作團隊西進中國發展的現象。然而，時常出現在螢幕面前的藝人則更容易受到放大檢視，而使得三地的國族認同衝突易於透過藝人本身的國族認同爭議表現出來。[50]

傳播學者弗盧（Terry Flew）分析中國影視產業行銷對全球 NICL 結構的影響，他指出過去中國作為世界工廠與西方文化產品的輸出國在近二十年來逐漸轉變。配合「走出去」的政策方向，中國政府大力扶持作為「軟實力」的媒體產業與創意產業，意圖成為全球重要文化輸出國。弗盧指出中國試圖增加國際競爭力的兩條路徑，首先在「全球在地化」的策略，試圖將他國影視產品「山寨」為具有創意的中國貨，例如《我是歌手》、《美國好聲音》，中國在購買格式

48／胡嘉洋，2018。
49／同上引。
50／Flew, 2018。

版權後重製重錄，除了受到國內觀眾熱烈歡迎外，也輸出到臺灣等周邊國家。

第二則是透過「軟實力」的展現，尤其是二〇一〇年以後中國媒體產業開始尋求與西方媒體巨亨合作拍攝具有「中國特色」的電影，包括《鋼鐵人3》（Iron Man 3）、《變形金剛4：滅絕時代》（Transformers: Age of Extinction）、《玩命關頭7》（Fast & Furious 7）、《功夫熊貓3》（Kung Fu Panda 3）等，不僅替中國媒體產業創造利潤，且更能夠將中國的正面形象鑲嵌到全球熱門電影的輸出鏈結。弗盧不斷地強調中國政府在中國影視文化產業輸出過程中扮演重要的推手，其影視產業的運作與政府的意志互為表裡。

上述相關文獻提供本研究一個宏觀的視野，在觀察臺港藝人認同爭議事件的中國國族主義特徵，應將這個議題放在全球資本、文化產業與國族意識流動的宏觀架構下。然而，由於臺港中特殊的國族認同情結，則導致三地跨國資本與文化產業的流通更為複雜。因此透過杜蓋伊等人提出的文化迴圈理論，從再現、認同、生產、消費、規範觀察國族主義的文化迴圈樣貌，將提供本研究更細緻地分析資本、文化產業與國族主義之間的互動內涵。

第三節 中國國族主義與互聯網

社會學家霍爾（Stuart Hall）說明主體認同是特定群體策略性地透過論述實踐建構產生，在認同形塑過程中，藉由區別「他者」的差異排除他者，同時強化自身群體之間的一致性，建立我群認同主體。[51] 而近代中國國族主義的出現便是在遭遇「西方」一系列種族與文化政治歷史差異的碰撞、比較、模仿過程中誕生。[52]

首先，考究「中國」一詞指涉，在各個歷史階段具有不同涵義，因此指涉的地理範圍與政權也不盡相同。例如在三國、西晉時代，「中國」一詞泛指長

51／Hall, 1996。

52／沈松僑，1997；鄭欽仁，2018年10月17日；Dirlik／馮奕達譯，2018。

江以北地區（簡稱「江北」），或是當時位於江北的吳國政權。[53]而「中國」作為一個國族的起源，德里克認為是受到西方對他們的指稱「中國」、「支那」所啟發。[54]

德里克說明「China」對應「中國」，以及該稱謂所涵蓋的整片疆土的想像，最早可以溯及十七世紀早期耶穌會繪製的中國地圖，到了一八六〇年代清朝開始與西方國家締結條約時，在清政府翻譯國際條約的過程，建立了「China = 中國」兩詞之間的對等關係與意義。[55]

沈松僑認為中國國族主義源自晚清知識分子對外受到西方列強侵略刺激，對內推動革命排滿的背景下，開始以神話人物「黃帝」為核心建構「血緣」上的中國國族主義，試圖建立以「漢人」為主的政權體制。晚清知識分子推動「新史學」的論述，模仿西方線性的國族歷史書寫風格，建構從黃帝以來夏商周傳承迄今的華夏五千年歷史，並命名為「中國史」，進一步將中國過去的朝代史，轉化成「國族」發展的歷史，為國族提供了悠久綿長的系譜。[56]

然而中國國族主義的內涵在晚清知識分子兩派陣營（保皇派／革命派），以及中華民國建立以後，隨著政權需求而有不同的論述建構與內涵。強調「華夷之別」與「漢人政權」的革命派在中華民國建立以後，轉而推動「五族共和」，漢滿蒙回藏一律平等的「大民族主義」（儘管仍是以漢族為中心）。[57]

中國國族主義內涵的流動性也彰顯在中華人民共和國建國後的各個發展階段。汪宏倫將一九四九年以來中國社會的國族主義發展劃分為三個時期：毛澤東時期（一九四九－一九七八）、鄧小平時期（一九七八－一九九一）、全球化時期（一九九一迄今）。他透過制度、情感結構與認識框架三個層次分析中國國族主義的發展，尤其中國在一黨專政的體制之下，領導人的特質與權力鬥爭的變化容易影響國族建構的過程與內涵。在毛澤東時期，是一連串的政治運

53／鄭欽仁，2018年10月17日。
54／Dirlik／馮奕達譯，2018。
55／Dirlik／馮奕達譯，2018，頁121-123。
56／沈松僑，1997。
57／同上引。

動與鬥爭，強調階級鬥爭文化的尚武精神，並以鬥爭框架合理化暴力，因此對師長與父母的革命成為階級鬥爭的合理行動。在鄧小平時期，領導人不再強調階級鬥爭，轉而強調國族主義中的「祖國統一」，進而影響社會情感結構的形塑。所以香港、澳門和臺灣問題的處理，在鄧小平時期則上升到影響國族顏面的嚴重性。再者，由於改革開放讓中國人民初次接觸到西方文明的進步性，在真正了解中國與先進國家的差距後，進一步造成中國人民的認同危機與反思。這個時期國恥記憶與悲情苦難成為國族論述的重要元素，也影響其後一九九〇年代新國族主義的建構。[58]

一九九〇年代以後的中國國族主義，汪宏倫稱其為「全球化時期的大眾民族主義」，這類新式國族主義是對一九八〇年代中國過分傾向西化，以及面對西方敵意而出現的反彈；並雜揉中央政府在制度上鼓吹愛國主義教育（應對一九八九年六四事件的政權正當性危機）；臺灣與新疆獨立問題的刺激等，形塑出情緒激烈的大眾民族主義。除此以外，十九世紀列強侵略中國的悲情歷史、毛澤東時期的鬥爭文化也作為一九九〇年代新式國族主義的基礎，共同形塑新國族主義的情感結構與鬥爭框架。而隨著中國經濟實力的強化，二〇〇〇年以後鬥爭框架則愈趨激烈，並夾雜傳統中華帝國的強國心態，試圖與美國競爭世界強權的角色。[59]

鄭永年針對一九九〇年代新一波的中國國族主義，他說明新國族主義的出現與中共政府具有緊密關聯。鄭永年從中共政權內部的統治危機觀點解釋，改革開放以後，中共藉以統治國家的意識形態（馬克思主義和毛澤東主義）面臨衰弱的困境，因此中共需要一種新的意識形態以鞏固政權的合法性。如前所述，形塑他者「西方」以成為全國共同的敵人便成為鞏固政權合法性的工具之一。[60]

另一方面，許多研究者指出「臺灣問題」在中國新一波國族主義的建構起

58／汪宏倫，2016。
59／同上引。
60／鄭永年，2001。

著重要推力與論述資源。[61]首先臺灣和中國分離的狀態彰顯出中國並非「統一」的國家，只有在兩者統一的情形，中國才能是真正的國族國家、強權國家。其次，臺灣問題也涉及到中國的主權問題，臺灣問題被視為是中國受到西方列強欺負的象徵。第三，如前一段陳述，中共在需要一種新的意識形態鞏固政權合法性的情況下，選擇了國家統一來作為提高統治合法性的神主牌之一。[62]在這樣子的政治與社會背景下，型塑出更為激進的愛國主義，而臺灣則首當其衝成為中國國族主義的箭靶。[63]

再者，周建明認為追求統一的動機來自中國傳統「大一統文化」。不論在地理條件形成以中原為中心的中華民族生存環境，或是在政治上曾經實現大一統的經驗（秦、漢），都型塑著中國社會對「統一」的想像。因此周建明認為追求國家統一的驅動力來自民間社會，並非任何一個中共領導人可以任意處置，「放棄國家統一的目標即會遭到人民的唾棄」。[64]

伴隨中國崛起應運而生的還包括傳統「天下觀」重新被挖掘、論述，與國家統一論述同樣被作為替代馬克思主義，用以支持中共政權的統治合法性。梁治平歸納中國學者對天下觀的闡述，其特徵在於天下觀的內涵是致力於建構一個根據禮儀原則而非地域和種族組織的政治共同體；因此是超國家性的；以及「天下因文明而立」，這些論述的共通點便是以天下觀的普世性與道德文明秩序，取代西方國族主義所造成的各國衝突與各自為政的問題，因此中國扮演了世界道德文明秩序的文化推廣者與領導者。[65]

61／例如：王飛淩，2001；汪宏倫，2016；鄭永年，2001; Wu, 2007。

62／鄭永年，2001，頁 34-36。

63／同上引。

64／周建明，2001，頁 401。

65／梁治平，2018。對天下觀重新論述的相關代表性著作包括趙汀陽的《天下體系：世界制度哲學導論》（2005、2011）、《天下的當代性：世界秩序的實踐與想像》（2015）；姚中秋的《華夏治理秩序史》（2012）；張維為的《中國超越：一個「文明型國家」的光榮與夢想》（2014）；強世功的《中國香港：政治與文化視野》（2010）；甘陽的《通三統》（2014），供讀者參考。

不過天下觀也受到許多批評，例如葛兆光認為傳統天下觀並非等同「四海一家」的理想觀念，相反的，天下觀強調在地理意義上有「中心」與「四方」；在族群意識上有「內」與「外」；在文化意義上有「華」與「夷」；在政治地位上有「尊」與「卑」的高低之分。[66]葛兆光認為天下主義的興起背景，在於中國經濟崛起後開始轉而追求「世界大國」的所謂「中國夢」，因此天下觀被視為新的論述資源以支持由中國維持世界秩序的統治合法性。

除此之外，針對中國研究者褒揚天下觀的論述，陳冠中則進一步將其稱為「中國天朝主義」。他歸納這類論述特徵有三：第一，中國不是現代（西方）意義的國族國家或帝國；第二，當代中國黨國體制是「傳統中國政治遺產」的繼承者；第三，大清帝國是傳統中國天朝式政治視野的極致表現，也是當代中國政治想像的模板。[67]如前文鄭永年與王飛凌，陳冠中指出中共的核心意識形態已經從階級意識轉變為國家主義，而「中國天朝主義」則為檯面上支持統治合法性的論述特徵。

透過上述文獻整理，可以發現一九九〇年代以後新一波的中國國族主義受到「中國崛起」與「全球化」的影響，除了增長中國國族的自信心，還進一步轉化為積極推動中國作為世界霸權的野心。

另一個型塑近代中國國族主義的重要元素是傳播媒體。例如黃煜與李金銓分析一九九〇年代中國媒體論述下的中國國族主義特徵，並將其分為四類，包括肯定型、武斷型、好鬥型、理性／批判型。第一種是完全遵照官方旨意，以愛國主義為核心的宣傳模式；第二種與第三種則是遵循黨設定的愛國主義路線內，盡其所能煽動民間的國族情緒，差異在於武斷型仍在官方設定的話語空間內發揮，強調中國與西方抗衡，並武斷的報導中國成為國際紛爭下的受害者。而第三種則更為煽情好鬥，由商業主導，強調美國為主要敵人，例如「中國可以說不」系列與「美國媒體妖魔化中國」系列書籍的大量出版，除了符合官方愛國主義，也替傳媒賺取大量的商業利潤。最後第四種理性民族主義型，強調

66／葛兆光，2015，頁5。
67／陳冠中，2012，頁89。

民族自強與政治改革，則因為對當局而言具有潛在顛覆效果，而處於邊緣地位，甚至受到迫害。[68]

在中國極權的特殊環境，媒體在官方愛國主義框架內試圖尋找商機，直接或間接造就更強烈激情的國族情緒，而網際網路的興起則可能代表著新傳播科技賦予國族主義新的意義與內涵。中國國族主義的運作與建構在一九九〇年代末期以後，開始受到網路影響，以臺港藝人認同爭議事件為例，國族主義運作便體現於社交媒體中大量的網民留言。

在研究中國網路國族主義的相關文獻眾多，且已有數本專書出版。中國網路國族主義的延伸不只侷限於亞洲，其影響範圍擴張至世界各地，這也對應了汪宏倫提及的一九九〇年代以後的「全球化時期的大眾民族主義」，中國民眾對涉及國際糾紛的事件特別敏感，容易上升為國族仇恨的層次。[69]而在觀察臺港中三地不同國族主義在網路上的互動，中國網路國族主義始終是一個核心角色。

吳旭（Wu Xu）在《中國網路民族主義》（Chinese Cyber Nationalism）

專書裡將中國網路國族主義發展分成五個階段：象牙塔啟蒙期（九四年四月至九六年十二月）、抗議印尼排華期（九七年一月至九九年三月）、中美網路大戰期（九三年三月至〇一年九月）、後九一一中國崛起過渡期（〇一年九月至〇三年六月）、正面對抗日本期（〇三年六月至〇六年八月），五個時期依序代表中國網路國族主義發展的嬰兒期、突破官方論述期、中美駭客戰爭期、菁英與草根的國族主義合流，以及從線上運動延伸至線下運動的反日運動時期。[70]

在吳旭觀察一九九四年至二〇〇六年中國網路國族主義發展期間，釣魚臺主權爭議與兩岸問題最為突出，是促成中國網路國族主義的催化劑。另一方面，他認為這時期中國網路國族主義的發展是一種「非官方」支持的自發性運動，並且不同於官方以及傳統愛國主義。吳旭在文末對中國網路國族主義發展做了

68／黃煜、李金銓，2003。
69／汪宏倫，2016。

70／Wu, 2007。

兩條路的預測，若不是受到政府監控，納入官方體系而成為合法性運動；那便是走向政治運動，迫使中國共產黨分享政治權力。[71]

邱林川（Linchuan Qiu）則推測中國網路國族主義的發展並未出現群眾運動，而是受到國家監控。首先，他將中國網路國族主義發展分成三期，分別是大學BBS網頁時期（九六年至九九年）、商業入口網頁時期（九八年至〇一年）、自下而上的網絡時期（〇五年四月以後）。一九九九年《人民日報》建立網路論壇「強國論壇」，標誌官方媒體加入網路宣傳，由中央宣傳播管理，作為官方國族主義的宣傳喉舌。邱林川發現二〇〇一年四月中美撞機事件到二〇〇五年三月日本在教科書淡化處理二次世界大戰的究責事件，兩起事件間隔四年，期間國族主義言論在網路上缺席，就如人間蒸發，然而這段期間正是中國申請加入世界貿易組織的關鍵時刻。[72]

研究中國網路世代反對西方民主價值觀的現象，蔣穎（Ying Jiang）亦認為網路國族主義發展受到官方間接控制。透過官方政治框架的支持，網路世代的國族主義與消費主義合流（透過愛國熱促進消費，例如爭取點閱率、販賣紀念書、T恤、滑鼠墊、提袋等），除了反對西方對民主的詮釋典範，也建立出中國的一套民主定義，即在「維持社會穩定、領土完整以及愛國」前提的民主實踐。進一步說，在個人消費主義與理性愛國的前提，涉及政治的發言受到官方許可；然而在此框架底下網路世代的愛國主義與政府合謀，卻抑制了朝政治民主化發展的可能性。[73]

就如同韓樂（Eileen Le Han）在其研究微博網誌與集體記憶型塑的專書提及，藉由官方網站自行審查貼文內容，政府並不需要直接干預而能夠達到過濾言論內容的目標。但與蔣穎的研究對象不同，韓樂聚焦於重大工安事件，以及網民對「中國性」與「普世性」的辯論，前者如二〇一一年甬台鐵路列車追撞事件、二〇一五年長江客輪翻沉事件；後者諸如西方言論自由、人權、憲法是

71／同上引。

72／ Qiu, 2006。

73／ Jiang, 2012。

否適用於中國的爭論。

雖然官網會過濾貼文，但也有許多記者、網民企圖衝撞言論界線，利用短暫的審查真空期批評政府與政策，要求資訊透明。一方面，受到國外媒體刺激，中國網民並非如蔣穎所說一味地懷疑西方報導的偏差，而是肯定周邊國家處理工安意外過程資訊公開、重視人權，反過來要求政府開放訊息流通。因此面對國家工安意外，在受到國外揶揄式報導時，雖然也刺激並強化了網民的國家認同，然而他們所期望的一個強大的中國，是透過要求政府資訊透明化，要求人權、立憲及民主化的實踐以達成。[74]

因此在觀察中國網路國族主義的發展必須是多面向的，貼文內容可能只是網民聲音的冰山一角。另一方面，韓樂強調政府也開始直接的參與集體記憶的型塑，例如《人民日報》創立微博粉絲專頁，並成為型塑集體記憶的網路意見領袖，稀釋或替代了過去官方無法控制的民間激烈論述。[75]

《端傳媒》先後在二〇一六、二〇一七年刊登的兩篇長篇報導〈把果凍釘在牆上？他們真的這樣管住了互聯網〉、〈抵制樂天，網絡時代下民族主義的進化〉，描述二〇一三年以後中國政府更積極的介入社群網站微博、微信，「復興路上工作室」、「共青團中央微博」、「俠客島」、「學習小組」為代表的官方網路視頻、微博、微信等帳號，開始展開大規模宣傳活動。[76]

以二〇一七年南韓部署薩德系統為例，《新華社》、《共青團中央》、《環球時報》透過網路新聞與社交媒體，呼籲民眾抵制樂天集團在中國境內的一切商業產品與活動，這樣的現象，記者楊山稱之為「官辦激進民族主義」，即官方直接透過網路社交媒體來動員群眾形成激進的國族運動，並管理抵制運動以避免陷於失控。此外，「官辦激進民族主義」的另一特徵是，過去抵制方式是串聯線下運動，到敵人面前「喊口號」與「打」、「砸」店鋪以示抗議；由官

74／Han, 2016。

75／同上引。

76／傑伊，2016年8月1日；楊山，2017年3月2日。

方動員的抵制運動則是傾向線上抗議：「人們在家裡上微博、微信發帖、轉載，清空自己的淘寶購物車，取消攜程上預訂的濟州島來回機票、把『歐巴』換成國產『愛豆』。」[77]

同時的，在本研究觀察臺港藝人認同爭議案例中，亦能夠看見新華網、人民日報、共青團中央、環球時報微博帳號參與其中。前述文獻成果與《端傳媒》報導，啟發本研究觀察中國官方網路新聞報導、社交媒體貼文與評論，在中國社會抵制臺港藝人過程中所扮演的角色。

第四節 小結

透過前述文獻回顧的梳理與啟發，本研究得出三個核心問題意識：（一）中國官方與民間國族主義如何體現於網路世界？是否具有差異？（二）官方媒體與組織在網路國族主義的建構扮演了何種角色？（三）網路媒體、文化產業與國族認同之間的互動關係為何？

進一步而言一九九〇年代出現新一波中國國族主義，汪宏倫將其稱為「大眾民族主義」，然而，汪宏倫、鄭永年也指出這波新國族主義背後隱含的國家力量。[78]因此本研究進一步提問，在新一波國族主義的特徵中，官方與民間的角色如何辨別？兩者之間呈現何種關係？特別是當國族主義體現於網際網路世界，許多研究指出中國官方介入網路直接參與集體記憶的建構，[79]一九九〇年代出現的中國國族主義在網路世界又經歷了甚麼樣的轉變？出現甚麼樣的特徵？

77／楊山，2017年3月2日。
78／汪宏倫，2016；鄭永年，2001。
79／Qiu, 2006; Han, 2016; Wu, 2007; Jiang, 2012。

其次許多研究認為在新一波中國國族主義形成的過程，「臺灣問題」扮演了新的論述資源與催生國族主義的角色，這提供本研究選擇以臺港藝人認同爭議作為觀察中國網路國族主義的切題性。[80]另一方面，近幾年香港國族意識的興起，也成為中國國族主義的眾矢之的，兩種國族主義的衝突皆同時形塑著兩造意識形態的樣貌。

而臺港作為比較案例過去不乏相關研究成果，如吳叡人透過帝國中心與邊陲的理論視角，分析作為帝國主義的碎片（fragments of empires）—沖繩（美國、日本）、臺灣（美國、中國）、香港（中國）面對帝國的干預，各自如何發展出以抗爭為特徵的邊陲國族主義；[81]而德里克認為臺灣與香港在反對中共政權的相似處境，被殖民的過去（臺灣／日本、香港／英國）正是主張兩造差異的論述策略。[82]以及其他過往的研究，都提供本研究分析臺港認同爭議事件的可比性。[83]吳介民在比較太陽花學運與雨傘運動，認為近年來臺港抗爭運動是一種以「在地關懷」為導向，抵抗與「中國因素」緊密扣連的「資本宰制」與「外來干預」。[84]與前述文獻不同的是，本研究以中國網路國族主義為主要觀察對象，而臺港僅作為事件例子。但是本研究也強調，觀察中國網路國族主義型塑的過程，就必須討論它與其他國族認同之間的互動過程，尤其是與臺港本土認同的對應關係，因為國族主義的建構總是發生於他者被想像的時刻。

最後，網路的媒介特徵諸如即時性、互動性、跨國／跨境論述對話，以及網路本身作為數位資本主義運作的一環又如何影響國族主義的建構？順著以上背景，本研究觀察網路國族主義、文化產業局勢轉變，以及國族認同情結的歷史背景三個元素的互動，並透過「文化迴圈」概念，從再現、認同、生產、消費、規範五個端點，詳細分析臺港中影視產業，特別是是赴中國發展的臺港藝人所身處的環境樣貌。在分析架構與章節安排，第四、五章分析認同與再現面向，第六章分析規範、生產與消費面向。

80／王飛凌，2001；汪宏倫，2016；鄭永年，2001; Wu, 2007。

81／吳叡人，2016。

82／Dirlik／馮奕達譯，2018。

83／林肇豐，2015；吳介民，2014；鄭永年，2001; Chen, Chen, & Lee, 2016。

84／吳介民，2014。

CHAPTER

03

研究問題與方法

在梳理文獻與問題意識後，本研究透過分析臺港藝人認同爭議事件，試圖回答以下的研究問題：

1、中國官方媒體偏好使用哪些詞彙報導臺港藝人認同爭議事件？報導內容呈現何種「臺獨」與「港獨」定義？

2、中國官方社交媒體帳號的網友評論偏好使用哪些詞彙討論臺港藝人認同爭議事件？評論內容呈現何種「臺獨」與「港獨」想像？

3、當事人藝人社交媒體帳號的網友評論偏好使用哪些詞彙討論臺港藝人認同爭議事件？評論內容呈現何種「臺獨」與「港獨」想像？

4、事件背後反映了中國國族主義在網路建構具有何種特徵？尤其是中國官方社交媒體帳號的貼文與網友評論具有何種互動特徵？

5、試圖往中國發展的臺港藝人其所處影視產業的消費、生產與規範樣貌為何？

本文研究流程如圖2，並透過本章詳細說明研究方法與資料蒐集過程。

圖 2：研究流程圖

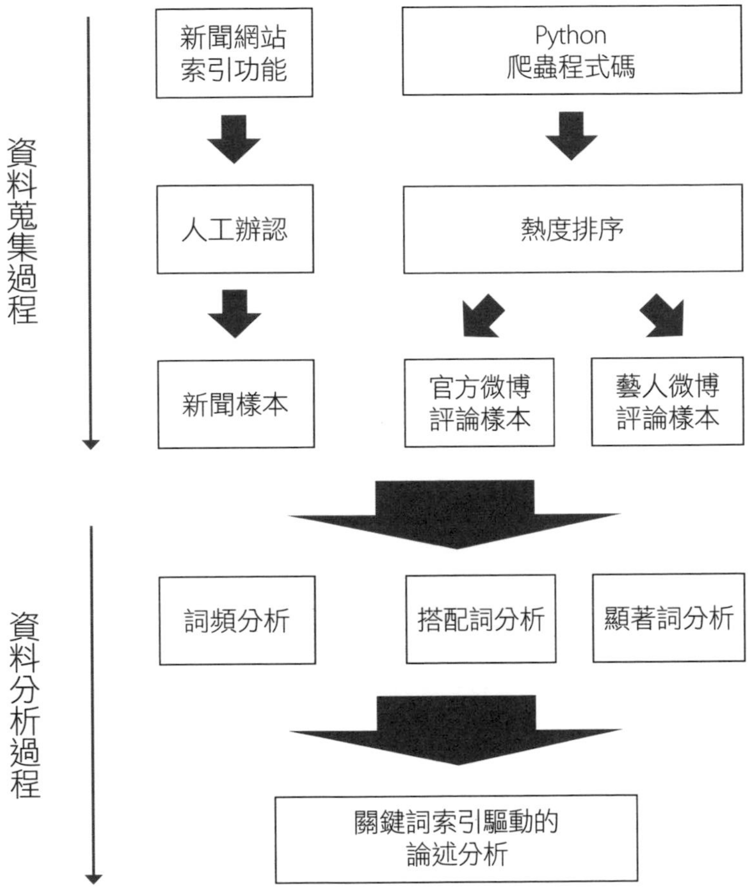
資料蒐集過程
新聞網站索引功能
Python 爬蟲程式碼
人工辨認
熱度排序
新聞樣本
官方微博評論樣本
藝人微博評論樣本
資料分析過程
詞頻分析
搭配詞分析
顯著詞分析
關鍵詞索引驅動的論述分析

第一節　研究場域

在分析案例含括二〇一四年至二〇一八年發生的臺港藝人認同爭議案例，臺灣包括「二〇一六年周子瑜韓國綜藝節目國旗事件」、「二〇一六年電影《沒有別的愛》男主角戴立忍遭撤換事件」、「二〇一六年電影《女友販賣機》女主角陳艾琳遭撤換事件」、「二〇一八年林心如新劇《我的男孩》因獲得文化部補助遭抵制事件」、「二〇一八年柯宇綸主演《強尼．凱克》遭中國擱置上映事件」、「二〇一八年宋芸樺『最喜歡的國家是臺灣』遭抵制事件」、「二〇一九年第五十五屆金馬獎爭議」，共七個案例。

香港案例包括「二〇一四年挺雨傘運動香港藝人集體遭點名封殺事件」、「二〇一五年盧凱彤遭取消參與南方草莓音樂節事件」、「二〇一五年林夕遭取消廣西大學分享會活動」、「二〇一六年何韻詩蘭蔻音樂會遭取消事件」，共四個案例。尤其戴立忍、陳艾琳、柯宇綸事件與太陽花學運相關，而香港四個案例與雨傘運動有直接跟間接關係，兩者值得加以比較。

在資料蒐集時間範圍，以各案例「事件發生後兩個星期」的時程為原則。案例介紹，詳見表1、表2。在資料蒐集對象為官方媒體網站報導、官方微博帳號與藝人微博帳號貼文與評論，選擇後兩者在於比較微博主身分性質的差異（官方／藝人）是否影響網友評論內容，並觀察官方微博帳號貼文與網友評論呈現何種互動關係，以下分別說明資料蒐集來源：

一、官方媒體網站報導

本研究參考中國《網絡傳播》雜誌自二〇一五年六月開始推出的「中國新聞網站傳播力榜」，針對二百五十家獲得網信辦（國家互聯網信息辦公室）許可的網路新聞訊息服務單位進行月評比。[1]

在二〇一七年十二月的排名中，綜合評比前四名為《人民網》、《新華網》、《中國網》、《中國新聞網》，因此本研究選擇這四家報社作為新聞網站報導之觀察對象。[2]四家新聞網站介紹請見表3。

表 1：臺灣藝人認同爭議案例簡介

當事人	觀察時間範圍	事發原因
周子瑜	2016/1/8-1/21（1月8日黃安在微博發起抵制周子瑜運動）	2015年11月21日周子瑜在《我的小電視》韓國節目中持中華民國國旗，引起中國網友不滿，並在臺灣批踢踢論壇引發熱議，《三立新聞台》引述批踢踢留言「強國人玻璃心又碎了」，此舉受到臺灣赴中國發展的藝人黃安關注，他陸續於微博發表貼文批評周子瑜。2016年1月8日黃安再次舉報周子瑜，稱其為「臺獨」，並發起抵制周子瑜所屬韓團「Twice」到中國演出。在中國網友集體杯葛的壓力下，1月15日，周子瑜所屬公司JYP娛樂安排她錄製影片放上YouTube，公開道歉並承認自己是中國人。
戴立忍	2016/7/6-7/19（7月6日共青團中央微博帳號點名批評趙薇與戴立忍）	2016年7月6日共青團中央微博帳號貼文批評中國導演趙薇的新電影《沒有別的愛》，公然任用曾參與臺獨相關活動（太陽花運動、雨傘運動）的臺籍演員戴立忍。該舉動引發中國網友圍剿趙薇，最後迫使趙薇在7月15日宣布換角聲明，撤換男主角戴立忍。
陳艾琳	2016/10/22-11/4（10月22日陳艾琳被中國網友起底臺獨言論）	2016年10月22日臺籍藝人陳艾琳被中國網友挖出兩年前反黑箱服貿言論「台灣是我的國家」、「沒有內地市場、沒有賺人民幣都無所謂」等，被網友貼上臺獨份子標籤，連帶影響她正在貴州拍攝的電影《女友販賣機》，遭中國導演陳菱思撤換女主角角色，並宣布「永不錄用支持分裂祖國、破壞領土思想的藝人」。

表 1：臺灣藝人認同爭議案例簡介（續）

當事人	觀察時間範圍	事發原因
林心如	2018/1/7-1/20（1 月 7 日被網友爆料《我的男孩》遭全面下架）	臺籍藝人林心如自製自演的新劇《我的男孩》，因為曾獲得臺灣文化部 2000 萬補助，遭到中國民眾舉報為臺獨資助，導致該劇在騰訊視頻網站播出兩集後，於 2018 年 1 月 7 日被全面下架。
柯宇綸	2018/3/23-4/5（3 月 23 日電影《強尼、凱克》宣布上映檔期後引起中國網友反彈）	2018 年 3 月 23 日柯宇綸主演臺灣電影《強尼．凱克》宣布中國上映檔期後，旋即遭到中國網民質疑柯宇綸為臺獨藝人，導致合作的中國電影公司於 26 日宣布該片暫緩上映。且國台辦發言人安峰山在 28 日證實該片已經被擱置，原因在於柯宇綸的父親柯一正支持臺獨，支持時代力量政黨。
宋芸樺	2018/7/30-8/12（約於 7 月 30 日宋芸樺遭到中國網友質疑為臺獨藝人）	2016 年 10 月 22 日臺籍藝人陳艾琳被中國網友挖出兩年前反黑箱服貿言論「台灣是我的國家」、「沒有內地市場、沒有賺人民幣都無所謂」等，被網友貼上臺獨份子標籤，連帶影響她正在貴州拍攝的電影《女友販賣機》，遭中國導演陳菱思撤換女主角角色，並宣布「永不錄用支持分裂祖國、破壞領土思想的藝人」。
金馬獎	2018/11/17-11/30（11 月 17 日金馬獎頒獎典禮發生統獨爭議）	臺籍藝人林心如自製自演的新劇《我的男孩》，因為曾獲得臺灣文化部 2000 萬補助，遭到中國民眾舉報為臺獨資助，導致該劇在騰訊視頻網站播出兩集後，於 2018 年 1 月 7 日被全面下架。

表 2：香港藝人認同爭議案例簡介

當事人	觀察時間範圍	事發原因
集體封殺	2014/10/21-11/13（10 月 21 日 杜汶澤、黃秋生、何韻詩遭《新華網》點名抵制）	2014 年 10 月 21 日《新華網》社評〈「杜汶澤」們，休想吃我們飯砸我們鍋〉，點名批評支持雨傘運動的港籍藝人杜汶澤、黃秋生、何韻詩，引起中國網友共鳴，要求支持雨傘運動的藝人在內地禁演、禁播、網上除名。
盧凱彤	2015/11/24-12/7（11 月 24 日 親中港人陳淨心透過微博舉報盧凱彤為港獨藝人）	2015 年 11 月 24 日「愛港行動」召集人陳淨心透過微博質疑曾支持雨傘運動、《撐起雨傘》合唱者之一的港籍藝人盧凱彤，為何能獲邀參與中國東莞的南方草莓音樂節，引發中國網友議論，導致盧凱彤在 11 月 27 日被迫取消行程。
林夕	2015/12/22-2016/1/4（12 月 22 日親中港人陳淨心透過微博舉報林夕不愛國）	2015 年 12 月 22 日「愛港行動」召集人陳淨心透過微博批評林夕曾說過「為《北京歡迎你》歌曲作詞是我人生的汙點」，引起中國網友轉發與評論，導致林夕原訂在 12 月 27 日參與廣西大學「閱讀會大家」活動被迫取消。
何韻詩	2016/6/4-6/17（6 月 4 日新浪新聞中心報導網民爆料何韻詩與達賴喇嘛合照）	2016 年 6 月 4 日新浪新聞中心聲稱有網民向編輯爆料何韻詩支持港獨、藏獨，並公布她與達賴喇嘛的合照。接著，《人民日報》、《環球時報》繼而報導有網友爆料蘭蔻化妝品在香港的推廣活動請何韻詩代言，引起中國網友呼籲抵制蘭蔻品牌。導致香港蘭蔻在 6 月 5 日宣布取消原訂在 6 月 19 日由何韻詩演唱的蘭蔻音樂會。

二、官方微博帳號貼文與評論

本研究定義官方微博帳號包括了官方媒體與官方組織，並選擇在國族認同爭議中扮演積極發言角色的「人民日報微博」、「共青團中央微博」、「新華網微博」、「環球時報微博」共四個微博，[3]例如在本研究案例中戴立忍事件與香港藝人集體封殺事件等，起因便分別來自於共青團中央微博、新華網微博點名抵制。

1／該評比機制由三級指標構成：一級指標為PC端（個人電腦）和移動端（移動裝置）；二級指標為微信與微博；三級指標是月訪客流量（IP量、PV量）、每百萬人訪問人數、每百萬被訪問網頁數、訪問者瀏覽頁面數、微信文章數、微信閱讀數、微信點讚數、微博文章數、微博轉發數、微博評論述等共11項，是中國新聞網站評比中較為全面、權威的評比機構。引自：王勇，2016。

2／人民網，2018年1月30日。

3／楊山，2017年3月2日；傑伊，2016年8月1日。

表 3：四家新聞網站介紹

新聞網站名稱	上線日期	組織性質
人民網	1997 年 1 月 1 日	由中國共產黨黨報《人民日報》控股的官方網路媒體機構。
中國網	1997 年 1 月 1 日	由國務院新聞辦公室領導、中國外文出版發行事業局管理的官方網路媒體機構，是中國政府對外傳播的重要新聞網站之一。
中國新聞網	1999 年 1 月 1 日	由中國新聞社管理，中新社為中國政府的國家通訊社，報社定位「以台港澳同胞、海外華僑華人與相關外國人為主要服務對象的國際性通訊社」。
新華網	1997 年 11 月 7 日	由新華社主辦，新華社與中新社皆是中國政府的國家通訊社，新華社現為國務院正部級直屬事業單位，是中國法定新聞監管機構。

表 4：官方微博帳號介紹

微博帳號名稱	建立日期	粉絲數 *
人民日報	2012 年 7 月 22 日	84,385,326
共青團中央	2013 年 12 月 20 日	7,747,628
新華網	2010 年 8 月 5 日	54,965,461
環球時報	2011 年 2 月 17 日	18,719,007

* 粉絲數調查截至 2019 年 1 月 7 日。

三、藝人微博帳號貼文與評論

本研究觀察事件發生後兩個禮拜內，事件當事人藝人對事件的相關貼文及網友評論。藝人微博帳號相關資料請見表5。

第二節 蒐集資料方法與資料集

一、官方媒體網站報導

第一步驟，本研究透過四家新聞網站的搜尋引擎，選擇事件關鍵詞搜尋，並以一則報導為單位，若同一家新聞網站內有報導重複情形，則取一則計算，關鍵詞定義參考表6。蒐集結果共148則報導（臺灣藝人87則、香港藝人61則）。第二步驟，經由研究者人工辨識，刪除與事件無關的藝人花邊新聞（如明星誹聞、得獎報導、電影、劇集宣傳等），過濾出相關報導計80則（臺灣藝人47則、香港藝人33則）。

二、官方微博帳號貼文與評論

在官方微博帳號資料蒐集，透過Python程式語言，設計第一種Python爬蟲程式碼爬取各個事件發生後兩週在官方微博帳號的所有貼文，並透過研究者人工辨識過濾出與事件相關貼文共67則；接著再透過設計第二種Python爬蟲程式針對這67則貼文爬取其網友評論，評論總計789580則（臺灣藝人751095則、香港藝人38485則）。

三、藝人微博帳號貼文與評論

由於藝人微博帳號貼文更新頻率遠比官方微博帳號低，方便透過研究者人工辨識，篩選出各事件發生後兩週相關貼文共11則。接著再同樣透過第二種Python爬蟲程式針對這11則貼文爬取其網友評論總計1471165則（臺灣藝人1365580則、香港藝人105585則）。

表 5：事件當事人藝人微博帳號

微博帳號名稱	建立日期	粉絲數 *	備註
周子瑜吧 *	2015 年 4 月 17 日	137,001	
戴立忍	2010 年 7 月 15 日	660,517	無貼文或已刪除
陳艾琳	2010 年 7 月 26 日	127,984	無貼文或已刪除
林心如工作室 **	2009 年 8 月 28 日	76,565,339	
柯宇綸	2011 年 7 月 1 日	24,412	無貼文或已刪除
宋芸樺	2014 年 2 月 11 日	2,312,099	
黃秋生	2010 年 11 月 1 日	3,792,508	
林夕	2010 年 1 月 28 日	1,605,059	
盧凱彤	2010 年 1 月 14 日	152,243	

註一：粉絲數計算截至 2019 年 3 月 22 日。

註二：傅瑜、杜汶澤、何韻詩沒有或已關閉個人微博網頁。

* 由於並非所有藝人都有設立個人微博帳號，因此在沒有的情形下，則挑選其粉絲人數最多的粉絲後援會微博帳號作為分析樣本

** 藝人林心如擁有「林心如」與「林心如工作室」兩個微博帳號，而事件聲明貼文主要由後者發文，因此本研究選擇以後者作為分析樣本。

表 6：新聞網站關鍵詞一覽表

事件	關鍵詞（簡體字）
周子瑜事件	周子瑜
戴立忍事件	戴立忍、没有别的爱
陳艾琳事件	陈艾琳、女友贩卖机
林心如事件	林心如、我的男孩
柯宇綸事件	柯宇纶、强尼凯克
宋芸樺事件	宋芸桦
金馬獎事件	金马奖、傅榆、李安、涂们、徐峥、巩俐
集體封殺事件	杜汶泽、黄秋生、何韵诗
盧凱彤事件	卢凯彤
林夕事件	林夕
何韻詩事件	何韵诗、兰蔻音乐

在收集過程中，順利爬取「周子瑜吧」、「林心如工作室」、「宋芸樺」、「黃秋生」、「盧凱彤」微博貼文與網友評論，而「戴立忍」、「林夕」微博在觀察時間範圍內沒有貼文。

但是戴立忍在事件發生之前曾發布一則有關《沒有別的愛》的宣傳貼文（二〇一六年四月二十五日），吸引數萬則網友評論，且多數評論時間來自事件發生期間，與事件具有直接關係，而林夕在二〇一四年六月二十三日、二〇一五年十二月三日兩則貼文也有相同情形，因此本研究將三則貼文與評論列入觀察。除此，「柯宇綸」、「陳艾琳」、「傅瑜」、「杜汶澤」、「何韻詩」則因為微博暫停使用、關閉等原因而無法收集文本。

四、資料集描述

由於微博評論數量龐雜，且多數評論並不具備語意分析的意義與代表性（例如只有表情符號、單詞、重複評論等），因此本研究按「熱度」排序選取每則貼文前一百則具有代表性的評論進行語料庫分析。[4]排序結果，在官方微

表 7：官方媒體報導、官方與藝人微博帳號貼文與評論數統計

地區	藝人／事件	新聞報導數	官方微博帳號		官方微博帳號	
			貼文數	評論數	貼文數	評論數
臺灣	周子瑜	14(14)*	26	183,422(2,578)**	3	5,823(300)**
	戴立忍	12(8)	9	280,181(900)	1	19,018(100)
	陳艾琳	4(4)	2	3,816(200)	0	0(0)
	林心如	7(2)	2	5,557(200)	1	10,594(100)
	柯宇綸	7(6)	5	22,440(500)	0	0(0)
	宋芸樺	18(2)	4	11,061(400)	1	101,145(100)
	金馬獎	25(11)	11	244,618(1,016)	0	0(0)
臺灣合計		87(47)	59	751,095(5,794)	6	136,580(600)
香港	集體封殺	48(31)	5	33,708(231)	1	172(100)
	盧凱彤	6(1)	0	0(0)	2	1,559(200)
	林夕	7(1)	0	0(0)	2	8,854(200)
	何韻詩	0(0)	3	4,777(300)	0	0
香港合計		61(33)	8	38,485(531)	5	10,585(500)
臺港總計		148(80)	67	789,580(6,325)	11	147,165(1100)

註一：網站新聞以報導則數計、微博以單則貼文、評論則數計。

註二：集體封殺事件的媒體網站新聞統計，排除 4 則連結失效的報導。

* 括弧內數字為經由人工辨識後事件相關報導數。

** 括弧內數字為按熱度排序之前 100 則評論。

博帳號評論計6325則（臺灣藝人5794則、香港藝人531則），藝人微博帳號評論計1100則（臺灣藝人600則、香港藝人500則）。官方媒體報導、官方與藝人微博帳號貼文與評論蒐集結果請見表7。

第三節　分析方法

在資料分析過程，本研究搭配量化語料庫分析與質化論述分析，首先是透過語料庫分析文本的關鍵詞使用趨勢，第二是透過關鍵詞索引找到目標關鍵詞的來源文本進行論述分析，最後則是將論述特徵放進當代社會脈絡進行詮釋。三個步

圖3：結合語料庫與論述分析的研究過程

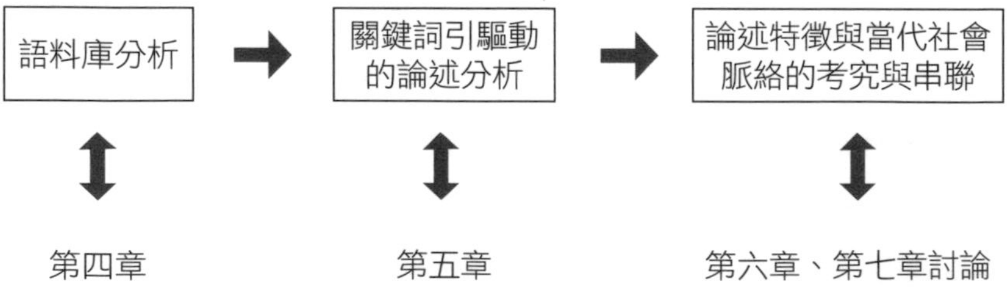

驟依序對應本研究第四、第五、第六章與第七章討論，參見圖3。

一、語料庫分析方法

本研究試圖透過語料庫分析方法與工具（庫博中文語料庫分析工具（Corpro），以下簡稱「庫博語料庫」），協助量化的理解文本的字彙運用偏好，進而反映出文本作者特定的價值觀念。接著再以詞頻統計為依據進行「語料庫驅動」（Corpus-driven）研究，[5]探究詞頻在文本的上下文脈絡。

4／2016年8月28日，新浪微博在貼文評論以熱門評論排序的基礎上擴展為按「熱度」默認排序。評論熱度的計算標準，加權分數由多至少依次為被回覆次數、被點讚次數、博主關注人、博主粉絲、會員、非粉絲，經常發布垃圾信息、長期不活躍和信用積分較低的用戶，其發布的評論、回覆和產生的點讚不計入熱度分數；評論或回覆中若有垃圾營銷、人身攻擊、色情等內容，同樣不計入熱度分數。引自：微博小秘書，2016年8月28日。

5／郭文平，2015。

本研究參考國內中文語料庫在新聞與社交媒體資料的應用，[6]整理語料庫分析方法與步驟如下：

1、詞頻分析（term frequency）：指詞頻出現次數分析。詞頻統計被認為是語料庫分析的起點，透過正確的「斷詞」建立詞頻列表，而列表中呈現詞彙之間的出現次數分布，提供研究者判定具有意義的分析詞彙，在具規模性的文本分析中建立初步的研究根據，以進行後續關鍵詞索引、搭配詞與顯著詞分析。[7]在建立詞頻列表過程，庫博語料庫提供「自建詞典」與「停用詞」功能，前者使研究可以根據文本主題、特定環境而出現的詞彙進行補充，例如「渣浪」、「狗帶」、「暴恐」等主要出現在中國社會語境的詞彙，在使用以臺灣語境斷詞為主的庫博語料庫付之闕如，則可以透過「自建詞典」功能做斷詞補充。而「停用詞」則能夠過濾掉諸如標點符號、時間、語助詞等與研究主題無相關的詞彙。

2、關鍵詞索引（key word in context，KWIC）：藉由詞頻分析找到具有重要意義的詞彙後，再以這些關鍵詞彙為中心點，將詞彙左右出現的其他詞彙併陳，以呈現詞彙的上下文脈絡。[8]庫博語料庫提供的「關鍵詞檢索」功能，可以選擇特定詞彙左右兩邊出現的詞彙字數，隨研究者需求而定。

3、搭配詞分析（collocation）：同樣藉由詞頻分析找到的關鍵詞彙後，再透過搭配詞分析來挖掘關鍵詞彙與某些詞彙搭配的頻率與意義。搭配詞分析除了可以理解文本生產者的語言使用偏好，更進一步地反映出特定詞彙所具有特定領域的文化意義。[9]本研究採用T值（T-score）檢定作為搭配詞之間相關性的統計檢定，是透過比較特定搭配詞與其他搭配詞的平均數差異（詞彙A與詞彙B vs. 詞彙A與詞彙C、詞彙A與詞彙D、詞彙A與詞彙E……）是否顯著，來判斷兩者之間的差異是否為真。T值的高低主要取決於兩詞彙共同出現的次數，T值愈高代表兩個詞彙出現的次數愈高，當T-score ≧ 1.645時，便達到統計上

6／李美賢、闕河嘉，2018；林詩芸，2018；郭文平，2015；陳百齡、鄭宇君，2014；張育君，2018；盧安邦，2018；盧安邦、鄭宇君，2017；闕河嘉、陳光華，2016。

7／郭文平，2015；闕河嘉、陳光華，2016。

8／闕河嘉、陳光華，2016。

9／同上引。

的水準（$p < 0.05$），證明兩個詞彙共同出現的情況比其餘字彙更為顯著。T值檢定的優點在於將語料庫規模、詞彙出現次數列入考量，因此檢定結果比其他搭配詞檢定方法更值得信賴。[10]

4、顯著詞分析（keyness）：透過交叉分析不同的語料庫，以發現是否某些特定詞彙比較頻繁出現於其中一個語料庫，若是，則這些詞彙是該語料庫的「正向顯著詞」。反之，若比較不常出現，則為該語料庫的「負向顯著詞」。[11]本研究採用庫博語料庫「詞語顯著性」功能中的對數近似值檢定（log likelihood text，簡稱LL值），LL值用來比較某個詞彙在兩個語料庫裡出現的頻率差異是否達到統計顯著上的水準。以語料庫A、語料庫B裡某一詞彙為例，正向LL值（語料庫顯示為黑色字體），意指跟語料庫B比較，語料庫A裡該詞彙的出現頻率相對較多；負向LL值（語料庫顯示為紅色字體）則意指語料庫A裡該詞彙的出現頻率相對較少。當LL值≧3.8時即達到統計顯著水準（$p < 0.05$）。然而LL值的缺點是詞彙出現頻率過低，則LL值較沒有參考意義。[12]

此外，本研究也特別關注新聞媒體的「消息來源」與社交媒體的「行動者」，後者即關注社交媒體中較為積極發言的個人／組織是「哪些行動者？」、「說了或做了些甚麼？」，[13]尤其在網路國族主義建構與激化的過程中，消息來源與行動者皆扮演了重要角色。因此透過分析「消息來源／行動者身分」、「評論數量」、「評論性質」，本研究試圖更深一步的詮釋中國網路國族主義建構的面貌與意義。

本研究著眼於「語料庫驅動」研究，以詞頻統計為基礎，進行關鍵詞索引、搭配詞分析、顯著詞分析探究關鍵詞彙的上下脈絡意義。語料庫分析除了提供研究者觀察文本時的一個較為穩固的切入點，透過語料庫分析可以彌補質性論述分析傳統上被認為「主觀」的質疑，反之，也可以補足量化分析缺乏對文本

10／李美賢、闕河嘉，2018；洪千惠，2011，頁37；郭文平，2015，頁107。

11／闕河嘉、陳光華，2016。

12／洪千惠，2011，頁32-33。

13／盧安邦，2018，頁42。

深層意義的詮釋，因此語料庫分析在研究方法上兼具質化與量化的特徵。[14]

然而，經由語料庫分析的詞彙分布與上下文脈絡意義，是否能夠完全反映詞彙背後的真實社會環境？顯然從過去文獻可以發現在借助語料庫分析方法的同時，也會結合質性的人工內容分析或論述分析法，補充關鍵詞彙的宏觀意義。[15]因此本研究透過語料庫分析作為切點，從關鍵詞彙中找到具代表性的文本，再進行質性論述分析，以詮釋論述背後反映的當代政治、社會脈絡關係。[16]

二、論述分析方法

如前述，在量化的語料庫分析之外，本文亦結合質性的論述分析，以詮釋論述背後的政治權力與社會關係。[17]本研究引介文化迴圈分析架構，從官方媒體報導、官方微博帳號與藝人微博帳號的貼文與評論中，分析具代表性的論述「再現」樣貌與背後反映的「認同」特徵。

首先（1）主要透過語料庫的關鍵詞索引功能，找到關鍵詞位置的文本內容進行分析，含括官方媒體報導、官方微博帳號與藝人微博帳號評論內容。以官方媒體報導的關鍵詞「馬曉光」為例，透過圖4庫博語料庫關鍵詞索引功能，事先分析「馬曉光」關鍵詞左右出現的詞彙，如圖4左邊視窗；接著揀選具意義的段落進入文本位置，如圖4右視窗，對其內容進行質性論述分析。

以關鍵詞索引驅動的論述分析，跟一般論述分析的差異在於，它能夠先從數萬以至百萬比鉅量資料中先找到詞彙使用趨勢與代表性關鍵詞，以此為基礎鎖定具代表性的文本進行分析，因此而有混和量化與質化研究的特徵；然而一般論述分析則無法處理鉅量文本，因此也限縮了研究範圍與代表性。

14／李美賢、闕河嘉，2018；郭文平，2015；闕河嘉、陳光華，2016。

15／朱蘊兒，2018；李美賢、闕河嘉，2018；盧安邦，2018；盧安邦、鄭宇君，2017。

16／倪炎元，2005。

17／倪炎元，2005；游美惠，2000。

再者（2）本研究針對官方微博帳號的貼文內容進行分析，並搭配貼文下面的網友評論回應相互對照，以瞭解貼文與評論的互動關係。尤其是官方微博帳號的貼文如何建構事件過程的「抵制對象／加害者」與「辯護對象／受害者」，以及網友評論如何回應貼文，對於官方微博帳號所指認的對象是否同意，以此了解官方微博帳號對網路輿論的操作方式與動員效果。

最後（3）本研究也收集與影視產業「規範」、「生產」、「消費」相關背景資料予以補充，包括政府

圖 4：庫博語料庫關鍵詞索引功能範例

法條、影視產業報告、影視政策相關報導與評論，試圖理解臺港藝人認同爭議事件背後的影視產業環境特徵。

CHAPTER

04

語料庫分析結果

透過語料庫分析，本章除了比較新聞報導與微博貼文前五十個出現頻率最高的關鍵詞，還參考郭文平；陳百齡、鄭宇君研究，依據詞彙特性與本研究主題歸類出一組語義分類表（政治相關、地理區域、人物名稱、組織機構、集體用詞、行動表達）加以比較。[1]

本章依序分析臺港藝人爭議事件的（1）中國官方媒體報導、（2）官方微博帳號評論、（3）藝人微博帳號評論。在詞頻列表編輯，已透過庫博語料庫停用詞功能，過濾掉諸如標點符號、時間、語助詞等與本研究主題無相關的用詞；並以詞典功能增加機器無法辨識出來的新詞，包括中國習慣用語，例如渣浪、狗帶、臺獨狗、暴恐、夕爺等用語。

第一節 官方媒體網站報導

本文首先分析中國官方媒體報導內容頻繁出現的關鍵詞，請參考表8。

在「政治相關」相關詞彙，官方媒體報導臺灣藝人事件出現最多的是「臺獨」，接著依序為「兩岸關係」、「九二共識」、「政治」、「選舉」，凸顯報導主軸聚焦於國族認同，以及臺灣與中國關係的再確認（九二共識）；而香港藝人事件則以「佔中」、「法治」關鍵詞出現最多，呈現出報導聚焦於雨傘運動。可見官方媒體報導的再現中，臺灣藝人爭議事件爭端主要圍繞在「國族認同」，而香港藝人爭議則圍繞在佔中這起「政治事件」。

在「地理區域」相關詞彙，報導臺灣藝人爭議事件關鍵詞依序為「臺灣」、「兩岸」、「大陸」，香港則是「香港」、「內地」、「大陸」。「臺灣」之

1／郭文平，2015；陳百齡、鄭宇君，2014。

表 8：官方媒體報導詞頻列表

臺灣				香港			
Word	Freq.	Word	Freq.	Word	Freq.	Word	Freq.
臺灣	379	安峰山	93	香港	255	藝人	53
電影	304	不是	91	佔中	198	出櫃	52
兩岸	289	這個	87	黃秋生	168	生活	51
臺獨	246	來源	86	自己	133	秘事	50
沈騰	241	民進黨	85	同性戀	108	節目	50
大陸	212	一些	78	微博	104	時間	49
我們	208	上映	77	沒有	100	何韻詩	48
一個	196	問題	77	陳嵐	98	兩人	48
自己	177	國台辦	76	明星	96	小 S	48
記者	153	政治	76	杜汶澤	85	成為	48
兩岸關係	139	開心麻花	75	內地	84	斷背	48
表示	128	希望	74	王晶	80	導演	47
沒有	124	共同	73	網友	73	已經	46
西虹市首富	121	戴立忍	73	一個	72	牽線	46
蔡英文	118	覺得	73	電影	72	公開	45
同胞	116	選舉	73	他們	71	媒體	45
觀眾	115	王多魚	72	你們	69	就是	44
票房	113	國民黨	70	我們	62	張柏芝	43
影片	108	金馬獎	70	表示	62	主演	42
已經	105	發展	69	這個	60	大陸	42
九二共識	104	發言人	68	音樂	60	法治	42
網友	102	什麼	67	蔡康永	59	男友	42
交流	97	參與	65	Hebe	58	合作	41
馬曉光	96	演員	65	來源	58	有人	41
導演	94	黃安	65	支持	53	現在	40

註 1：報導內容字數總計 192,348 字（臺灣藝人 114,037 字、香港藝人 78,311 字），詞彙量總計 127,708 個（臺灣藝人 75,980 個、香港藝人 51,728 個）。

註 2：關鍵詞排序按詞頻由高至低。

於「大陸」與「香港」之於「內地」屬中國官方對於臺港地區對稱的官方用詞，在《中華人民共和國出境入境管理法》第八十九條稱：「出境，是指由中國內地前往其他國家或者地區，由中國內地前往香港特別行政區、澳門特別行政區，由中國大陸前往臺灣地區。」相較於「內地」一詞隱射香港、中國同為中國領土的關係，「大陸」一詞則凸顯臺灣與中國的情勢更加微妙，而「內地」一詞在中國官方媒體中也並未用來形容臺灣與中國的地理或政治主權關係。

接著「人物名稱」相關詞彙，報導臺灣藝人爭議事件中主要出現的人物，由多至寡依序是「沈騰」、「蔡英文」、「馬曉光」、「安峰山」、「戴立忍」、「王多魚」。其中「蔡英文」、「馬曉光」、「安峰山」為政治人物，馬曉光與安峰山分別為國台辦新聞局正副局長與新聞發言人；而「沈騰」、「戴立忍」、「王多魚」、「黃安」為事件當事人與相關藝人演員。至於報導香港藝人爭議事件中出現的人物依序為「黃秋生」、「陳嵐」、「杜汶澤」、「王晶」、「蔡康永」、「Hebe」、「何韻詩」、「小S」、「張柏芝」，清一色為藝人（包含事件當事人）。比較臺港人物名稱關鍵詞，彰顯出中國官方對臺港藝人爭議事件重視程度產生差異，臺灣案例甚至需透過專責兩岸關係的官方機構國台辦出來發言，而「蔡英文」作為人物名稱第二多的關鍵詞也凸顯事件報導聚焦於兩岸政治關係。相反的，香港藝人爭議事件則侷限於對事件藝人本身的討論，以及與事件無關的娛樂新聞。

在「組織機構」相關詞彙整理也能驗證前述的發現。臺灣藝人爭議事件依序是「國台辦」、「民進黨」、「國民黨」，而香港藝人爭議事件並無組織機構相關詞彙。[2]

在「集體用詞」關鍵詞的情形，臺灣藝人爭議事件依序是「我們」、「一個」、「同胞」、「共同」用詞，相較於香港的「一個」、「他們」、「你們」、「我們」，前者一致為象徵「我群」的相關集體用詞，後者則出現「他們」、「你們」象徵「他者」的集體用詞。詞彙類別整理請參考表9。

進一步透過搭配詞分析官方消息來源，本研究以「行動表達」相關詞彙中的關鍵詞「表示」進行分析。在分析結果，雖然臺港搭配詞詞頻皆低，但仍可以提供本研究探究消息來源的參考，請見表10。

在臺灣藝人爭議事件中與「表示」搭配出現的人物詞彙，最頻繁的依序為「安峰山」、「馬曉光」、「網友」、「黃安」、「沈騰」，而香港藝人爭議事件則是「黃秋生」、「盧凱彤」、「工作人員」、「周潤發」。該結果進一步證明官方媒體報導台灣藝人爭議事件的主要消息來源為官方機構國台辦。

2／本研究進一步檢驗政治人物與組織機構相關詞彙是否集中於特定事件，例如林心如事件與金馬獎事件直接涉及行政院文化部官方單位。從下表可見，「蔡英文」、「民進黨」、「國民黨」關鍵詞分別集中於周子瑜事件、金馬獎事件；而作為消息來源的「馬曉光」、「安峰山」、「國台辦」則集中於周子瑜事件、陳艾琳事件、柯宇綸事件及金馬獎事件。由此證明，事件是否涉及臺灣政府單位並沒有完全影響中國官方媒體報導的用詞偏好。

臺灣藝人爭議事件中政治人物與政治組織相關關鍵詞分布（單位：頻詞 Freq.）

事件／字彙	蔡英文	馬曉光	安峰山	國台辦	民進黨	國民黨
周子瑜	106	0	0	12	62	63
戴立忍	0	0	0	0	0	0
陳艾琳	0	0	24	10	0	0
林心如	0	9	0	4	0	0
柯宇綸	0	0	68	18	1	4
宋芸樺	0	0	1	1	0	0
金馬獎	12	87	0	31	22	3

表 9：官方媒體報導關鍵詞詞彙歸類

詞彙類別	臺灣	香港
政治相關	臺獨、兩岸關係、九二共識、政治、選舉	佔中、法治
地理區域	臺灣、兩岸、大陸	香港、內地、大陸
人物名稱	沈騰、蔡英文、馬曉光、安峰山、戴立忍、王多魚	黃秋生、陳嵐、杜汶澤、王晶、蔡康永、Hebe、何韻詩、小 S、張柏芝
組織機構	國台辦、民進黨、國民黨	[無]
集體用詞	我們、一個、同胞、共同	一個、他們、你們、我們
行動表達	表示	表示、支持

註 1：關鍵詞排序按詞頻高低由左至右。

表 10：「表示」的搭配詞列表（臺港各取前 10 個顯著詞彙）

序號	臺灣			香港		
	Word	Freq.	t 值	Word	Freq.	t 值
1	安峰山	16	18.006***	自己	5	4.518***
2	馬曉光	10	11.420***	黃秋生	4	5.338***
3	網友	6	9.274***	盧凱彤	4	6.414***
4	黃安	4	5.610***	不會	3	4.918***
5	而且	4	6.948***	當眾	2	14.893***
6	自己	3	0.492	工作人員	2	7.247***
7	詢	3	10.466***	更新	2	14.044***
8	曾經	3	5.221***	既然	2	9.293***
9	沈騰	3	2.752***	憤慨	2	14.893***
10	一點	2	4.456***	周潤發	2	6.902***

註 1：T-score ≧ 1.645，達到統計水準 $p < 0.05$。

第二節　官方微博帳號評論

觀察官方微博帳號網友評論的關鍵詞彙排序，在「政治相關」詞彙中，臺灣藝人爭議事件的關鍵詞依序為「臺獨」、「國家」、「中國人」；香港則是「佔中」、「藏獨」、「中國人」、「國家」、「港獨」、「分裂」、「暴恐」。「臺獨」、「港獨」關鍵詞彙的出現，代表中國網友將臺港藝人爭議事件皆視為「國族認同」爭議事件。

再者網友還將香港藝人爭議事件與新疆獨立做了連結，「藏獨」、「港獨」、「分裂」、「暴恐」屬於同一組文本內容，因為在中國社會背景框架，支持「獨立」等同支持「分裂」，而「暴恐」意指暴力恐怖襲擊，是新疆、維吾爾等民族爭取獨立的一個手段。

在「地理區域」相關詞彙，臺灣藝人爭議事件頻繁出現的關鍵詞依序為「中國」、「臺灣」、「大陸」、「韓國」；香港則是「中國」、「香港」。「韓國」

表 11：官方微博帳號網友評論詞頻列表

臺灣				香港			
Word	Freq.	Word	Freq.	Word	Freq.	Word	Freq.
我們	1684	刪	334	我們	94	襪子精	32
JYP	1208	罵	330	抵制	93	應該	31
臺獨	1178	公司	314	蘭蔻	87	李施德霖	30
中國	1088	媒體	313	微博	73	藏獨	30
臺灣	910	可以	304	中國	68	不買	29
抵制	809	請	301	共青團中央	66	中國人	28
道歉	675	不要	291	轉發	66	國家	28
一個	632	微博	287	什麼	54	請	28
不是	620	已經	283	你們	53	港獨	26
現在	566	怎麼	272	藝人	53	不會	25
趙薇	543	這麼	271	支援	48	回覆	25
大陸	515	評論	270	一個	43	分裂	24
他們	489	問題	264	安全	43	宣告	24
就是	483	不能	260	不想	42	現在	24
國家	454	還是	258	不是	42	這些	24
中國人	450	事件	251	他們	40	就是	23
周子瑜	444	覺得	251	成為	40	產品	23
什麼	437	別	248	自己	39	這個	23
自己	422	網友	243	香港	38	也是	22
你們	417	還有	237	堅決	37	暴恐	22
沒有	408	知道	234	因素	35	不要	21
大家	389	因為	227	每一分錢	35	買	21
這個	370	新浪	223	佔中	32	這樣	21
藝人	357	韓國	222	沒有	32	還是	21
支援	352	真的	208	無良	32	何韻詩	20

註 1：網友評論內容字數總計 295,196 字（臺灣藝人 274,249 字、香港藝人 20,947 字），詞彙量總計 197,488 個（臺灣藝人 183,503 個、香港藝人 13,985 個）。

地區詞彙是伴隨著周子瑜事件出現，由於周子瑜屬於韓國經紀公司JYP娛樂的練習生，因此連帶的事件所涉及的國家不僅有臺灣、中國，「韓國」則是夾在兩者之間。

在「人物名稱」相關詞彙，臺港都只限於事件當事人藝人名稱。臺灣藝人爭議事件中最頻繁出現的人物為「趙薇」，第二是「周子瑜」；而香港是「何韻詩」。該結果一方面代表各個不同的藝人爭議事件的討論度極為不平均（聚焦於戴立忍事件、周子瑜事件、何韻詩事件），另一方面值得注意的是中國演員「趙薇」，由於她所執導的電影《沒有別的愛》，任用被視為支持臺獨的演員戴立忍飾演男主角，因此連帶的趙薇也受到中國網友關注，被批評支持臺獨藝人。「趙薇」作為關鍵詞中最頻繁出現的人物名稱，本身彰顯出藝人爭議事件中國族主義的宣洩對象並不一定侷限於臺籍藝人，而有擴大化的現象。

接著在「組織機構」相關詞彙，臺灣藝人爭議事件僅有「JYP」；而香港依序有「蘭蔻」、「共青團中央」、「李施德霖」。周子瑜事件佔臺灣藝人爭議事件總官方微博帳號貼文數44.07%、前一百則評論佔總數44.49%，再加上「周子瑜」、

「JYP」等關鍵詞頻率名列前茅，可見周子瑜事件屬網友最為關注的臺灣藝人爭議事件之一。「蘭蔻」與「李施德霖」兩個品牌與何韻詩事件相關，受到網友關注，而「共青團中央」在事件過程中也扮演了重要角色被中國網友反覆提及。

在「集體用詞」相關詞彙，臺港兩地大同小異，皆混雜我群與他者的相關詞彙。臺灣藝人爭議事件相關詞彙依序為「我們」、「一個」、「他們」、「你們」、「大家」，香港藝人爭議事件依序是「我們」、「你們」、「一個」、「他們」。

針對網友的「行動表達」相關詞彙，臺灣藝人爭議事件最頻繁出現「抵制」一詞，後面陸續為「道歉」、「支援」、「刪」、「罵」；而香港也以「抵制」關鍵詞最頻繁出現，接著依序為「轉發」、「支援」、「不想」、「堅決」、「無良」、「不買」、「買」、「宣告」。上述關鍵詞詞彙歸類結果請參見表12。

本文挑選「趙薇」、「JYP」、「共青團中央」三個可能具有意義的詞彙進行搭配詞分析。發現，「趙薇」與「事件」一詞搭配最為頻繁、且具顯著性，

表 12：官方媒體報導關鍵詞詞彙歸類

詞彙類別	臺灣	香港
政治相關	臺獨、國家、中國人	佔中、藏獨、中國人、國家、港獨、分裂、暴恐
地理區域	中國、臺灣、大陸、韓國	中國、香港
人物名稱	趙薇、周子瑜	何韻詩
組織機構	JYP	蘭蔻、共青團中央、李施德霖
集體用詞	我們、一個、他們、你們、大家	我們、你們、一個、他們
行動表達	抵制、道歉、支援、刪、罵	抵制、轉發、支援、不想、堅決、無良、不買、買、宣告

該結果除了代表在實際上中國網友以「趙薇事件」慣稱該起事件，與臺灣媒體、網友的慣稱「戴立忍事件」產生差異；還彰顯了中國網友圍繞「趙薇」作為事件主角的重視程度，弔詭的是發表「臺獨」言論的是臺籍藝人戴立忍，趙薇作為電影執導雖然得負起監督不周的責任，然而卻反客為主，成為中國網友指責的主要對象，請見表13。

類似情形如周子瑜事件中，韓國籍經紀公司 JYP 娛樂成為眾矢之的，被中國網友視為「抵制」的主要對象，而非周子瑜本人，請見表14。

表 13：「趙薇」前 10 個搭配詞

			趙薇						
序號	Word	Location	Freq.	t 值	序號	Word	Location	Freq.	t 值
1	事件	R	94	41.336***	6	關於	L	7	10.844***
2	因為	L	60	27.997***	7	抵制	L	7	-0.576
3	一樣	R	33	18.046***	8	不是	L	7	2.338***
4	國籍	R	11	13.879***	9	覺得	L	6	1.675***
5	背後	R	8	13.067***	10	抓住	R	6	8.206***

註 1：T-score ≧ 1.645，達到統計水準 $p < 0.05$。

表 14：「JYP」前 10 個搭配詞

			JYP						
序號	Word	Location	Freq.	t 值	序號	Word	Location	Freq.	t 值
1	抵制	L	402	66.311***	6	必須	R	24	10.880***
2	公司	R	81	29.196***	7	旗下	R	23	20.852***
3	韓國	L	32	15.438***	8	明確	R	23	15.456***
4	股價	L	28	20.446***	9	滾	R	20	1.564
5	因為	L	24	5.212***	10	封殺	L	18	5.407***

註 1：T-score ≧ 1.645，達到統計水準 $p < 0.05$。

表 15：「共青團中央」前 10 個搭配詞

			共青團中央						
序號	Word	Location	Freq.	t 值	序號	Word	Location	Freq.	t 值
1	:	L	59	27.718***	6	河南省	R	2	7.442***
2	@	L	66	27.512***	7	鄭州大學	R	2	7.442***
3	共青團	L	10	12.451***	8	集結號	R	2	7.442***
4	團委	R	3	9.114***	10	學校	R	2	5.97****
5	山東	R	3	7.801***	10	封殺	L	18	5.407***

註 1：T-score ≧ 1.645，達到統計水準 $p < 0.05$。

在香港藝人爭議事件搭配詞分析中，「共青團中央」與冒號「：」、轉引符號「@」搭配詞頻最高，具共現分析顯著性水準。可見「共青團中央」的貼文或留言在事件過程受到中國網友大量轉引，具有意見領袖的特徵，請見表15。

第三節　藝人微博帳號評論

觀察藝人微博帳號的網友評論，在「政治相關」詞彙中，臺灣藝人爭議事件以「臺獨」關鍵詞出現最為頻繁，接著是「愛國」、「中國人」、「國家」；而香港則「港獨」關鍵詞詞頻超過「佔中」、「中國人」，成為最頻繁出現的關鍵詞。「港獨」在藝人微博帳號評論的政治相關詞彙居首，則與官方報導、官方微博帳號評論產生差異。

在「地理區域」相關詞彙，臺灣藝人爭議事件關鍵詞順序為「臺灣」、「中

表 16：藝人微博帳號網友評論詞頻列表

臺灣				香港			
Word	Freq.	Word	Freq.	Word	Freq.	Word	Freq.
周子瑜	134	抵制	30	林夕	38	真的	14
加油	96	視訊	30	支援	37	聽	14
支援	86	大家	29	港獨	35	覺得	14
臺獨	84	看到	29	我們	34	那些	14
真的	72	評論	29	加油	32	音樂	14
林心如	69	一直	28	您	31	一直	13
一個	69	他們	28	佔中	28	哥	13
臺灣	68	但是	28	不要	27	希望	13
黑	62	現在	28	回覆	27	快樂	13
自己	61	造謠	28	自己	27	永遠	13
不是	60	兩岸	26	香港	27	自由	13
希望	55	愛國	26	你們	23	愛你	12
不要	46	還是	26	什麼	21	沒有	12
你們	46	還有	26	中國	19	相信	12
我們	46	瞭解	25	寫	19	知道	12
覺得	45	道歉	25	大陸	18	不會	11
就是	42	喜歡	24	就是	18	也是	11
這個	39	澄清	23	中國人	17	歌	11
什麼	38	不會	22	微博	17	滾	11
沒有	38	只是	22	玫瑰	17	老師	11
請	38	路人	22	一個	15	藝人	11
中國	36	中國人	21	如果	15	請	11
周子瑜	35	也是	21	還是	15	謝謝	11
跟風	34	別	21	不是	14	這些	11
大陸	31	國家	21	內地	14	港獨分子	10

註 1：網友評論內容字數總計 33,300 字（臺灣藝人 21,943 字、香港藝人 11,357 字），詞彙量總計 23,176 個（臺灣藝人 14,916 個、香港藝人 8,260 個）。

國」、「大陸」、「兩岸」；香港則為「香港」、「中國」、「大陸」、「內地」。而「人物名稱」相關詞彙，則臺港皆為藝人當事人，臺灣最頻繁出現的關鍵詞人物名稱為「周子瑜」、「林心如」，香港則為「林夕」。[3]

在「集體用詞」，臺灣藝人爭議事件評論中依序最頻繁出現的關鍵詞為「一個」、「你們」、「我們」、「大家」、「他們」；香港則為「我們」、「你們」、「一個」，臺港皆出現混雜涉及「我群」與「他者」認同建構意義的相關詞彙。

最後在「行動表達」相關詞彙，臺灣藝人爭議事件中最頻繁出現的是「加油」、「支援」關鍵詞，接著才是具有負面反應的「黑」、「抵制」、「道歉」等用詞，以及「喜歡」；而香港則依序為「支援」、「加油」、「快樂」、「愛你」、

3／部分藝人微博帳號在爭議事件爆發後停止使用或停止更新動態（戴立忍、陳艾琳、柯宇綸、傅瑜、杜汶澤、何韻詩），再加上貼文量的差異，相對來說周子瑜、林心如、林夕三位藝人的貼文量跟評論量較為完整，因此在關鍵詞分析上有放大效果。

「滾」、「謝謝」，藝人微博帳號評論相較官方微博帳號評論，明顯以正面的情緒用詞居多。上述關鍵詞詞彙歸類請參考表17。

第四節 顯著詞交叉分析結果

若第一至第三節是橫的比較臺港藝人爭議事件的報導與評論差異，第四節則是縱的比較官方新聞、官方微博帳號、藝人微博帳號之間各具有何種論述特徵，因此本研究藉由庫博顯著詞分析交叉依序比較三種文本的顯著詞彙，共六組分析結果：

表 17：藝人微博帳號網友評論關鍵詞詞彙歸類

詞彙類別	臺灣	香港
政治相關	臺獨、愛國、中國人、國家	港獨、佔中、中國人、港獨分子
地理區域	臺灣、中國、大陸、兩岸	香港、中國、大陸、內地
人物名稱	周子瑜、林心如	林夕
組織機構	[無]	[無]
集體用詞	一個、你們、我們、大家、他們	我們、你們、一個
行動表達	加油、支援、黑、抵制、道歉、喜歡	支援、加油、快樂、愛你、滾、謝謝

1、官方新聞報導 vs. 官方微博帳號評論（臺）
2、官方新聞報導 vs. 官方微博帳號評論（港）
3、官方新聞報導 vs. 藝人微博帳號評論（臺）
4、官方新聞報導 vs. 藝人微博帳號評論（港）
5、官方微博帳號評論 vs. 藝人微博帳號評論（臺）
6、官方微博帳號評論 vs. 藝人微博帳號評論（港）

首先比較官方新聞報導與官方微博帳號評論，在臺灣藝人爭議事件中，官方新聞的顯著詞如「兩岸」、「馬曉光」、「兩岸關係」、「安峰山」、「國台辦」、「九二共識」等屬於兩岸政治與人物相關詞彙，以及與電影、電影明星相關的一組詞彙「沈騰」、「西虹市首富」、「電影」、「觀眾」、「票房」、「影片」、「開心麻花」、「王多魚」、「夏洛特煩惱」。

官方微博帳號評論的顯著詞則集中在「JYP」、「趙薇」非臺籍組織與藝人，並對應表達動詞「抵制」。而集體動詞「我們」、「你們」、「他們」，以及國家政治詞彙「中國」、「中國人」、「國家」則不斷在評論中被網友反覆提及。

請見表18。

在香港爭議事件中，官方新聞偏向娛樂性質的報導也可從顯著詞分析中驗證，以「黃秋生」、「陳嵐」、「同性戀」、「蔡康永」、「Hebe」、「出櫃」、「明星」、「秘事」、「杜汶澤」、「小S」、「斷背」、「牽線」、「張柏芝」等構成了與藝人爭議事件無直接關係的報導面向。

至於官方微博帳號評論的顯著詞則詞彙類別多元，其中「蘭蔻」、「襪子精」（中國網友對何韻詩的貶抑暱稱）、「李施德霖」同屬何韻詩事件的當事者，做為被中國網友「抵制」的對象。而「藏獨」、「分裂」、「暴恐」等涉及西藏獨立與恐怖攻擊相關詞彙則只出現於微博評論，也反映官方新聞報導缺少對香港藝人爭議事件的政治性討論。再者，「共青團中央」作為微博評論的顯著詞，顯示該組織在事件中扮演重要的角色。請見表19。

表 18：官方新聞與官方微博帳號評論的顯著詞交叉分析（臺灣）

臺灣	官方新聞		官方微博帳號評論	
序號	Keyword	Keyness	Keyword	Keyness
1	沈騰	249.89	JYP	316.12
2	記者	146.87	中國	225.52
3	兩岸	134.80	道歉	168.59
4	西虹市首富	125.48	抵制	154.91
5	電影	112.59	我們	154.89
6	馬曉光	103.31	你們	118.85
7	兩岸關係	101.80	刪	99.22
8	安峰山	100.09	現在	83.19
9	觀眾	98.40	支援	82.14
10	票房	98.40	罵	80.85
11	影片	93.32	別	69.09
12	來源	82.05	中國人	67.18
13	國台辦	81.79	新浪	66.25
14	開心麻花	80.71	國家	65.56
15	王多魚	77.49	趙薇	64.06
16	九二共識	70.28	不要	55.50
17	表示	67.68	他們	55.47
18	發言人	65.89	欺負	54.07
19	夏洛特煩惱	65.65	網民	52.88
20	共同	63.92	外網	50.10

註 1：詞彙排序按顯著性高低。

表 19：
官方新聞與官方微博帳號評論的顯著詞交叉分析（香港）

香港	官方新聞		官方微博帳號評論	
序號	Keyword	Keyness	Keyword	Keyness
1	黃秋生	21.69	蘭蔻	117.53
2	陳嵐	20.19	共青團中央	84.85
3	同性戀	19.66	轉發	79.06
4	音樂	12.36	抵制	67.62
5	蔡康永	12.15	支援	60.81
6	Hebe	11.95	不想	52.82
7	來源	11.95	安全	51.40
8	支持	10.92	我們	48.71
9	出櫃	10.71	每一分錢	47.28
10	明星	10.69	中國	44.80
11	秘事	10.30	襪子精	43.23
12	節目	10.30	李施德霖	40.53
13	杜汶澤	10.20	藏獨	40.53
14	兩人	9.89	不買	39.18
15	小 S	9.89	堅決	34.68
16	斷背	9.89	回覆	33.77
17	表示	9.66	什麼	33.73
18	牽線	9.48	因素	33.69
19	張柏芝	8.86	分裂	32.42
20	主演	8.65	暴恐	29.72

註 1：詞彙排序按顯著性高低。

在臺灣藝人爭議事件官方新聞與藝人微博帳號評論的顯著詞分析，與前述官方微博帳號評論比較的結果雷同，官方新聞顯著詞同樣是「蔡英文」、「馬曉光」、「安峰山」、「國台辦」、「選舉」、「九二共識」涉及兩岸政治與人物的相關詞彙，以及「沈騰」、「電影」、「觀眾」、「影片」、「西紅市首富」、「導演」、「票房」、「開心麻花」、「王多魚」涉及電影與電影明星的相關詞彙。在藝人微博帳號評論的顯著詞中，出現「周子瑜」、「林心如」事件當事人，並對應了「加油」、「支援」、「心疼」等動詞，與官方微博帳號評論中出現的動詞「抵制」產生差異。其中「造謠」、「愛國」、「澄清」作為顯著詞反映了網友嘗試為當事人藝人辯護。請見表20。

在香港藝人爭議事件，官方新聞顯著詞也與官方微博帳號評論比較的結果類似，皆是與事件沒有關聯的娛樂花邊新聞顯著詞詞彙——「同性戀」、「陳嵐」、「蔡康永」、「Hebe」、「明星」、「出櫃」、「秘事」、「小S」、「斷背」、「杜汶澤」、「王晶」、。而藝人微博帳號評論顯著詞則包括「港獨」、「港獨分子」與對應詞「滾」。請見表21。

表 20：
官方新聞與藝人微博帳號評論的顯著詞交叉分析（臺灣）

臺灣	官方新聞		官方微博帳號評論	
序號	Keyword	Keyness	Keyword	Keyness
1	沈騰	37.69	加油	140.37
2	電影	35.26	周子瑜	115.91
3	蔡英文	18.45	支援	114.23
4	觀眾	17.98	林心如	88.88
5	記者	17.77	真的	69.64
6	影片	16.89	你們	68
7	西虹市首富	15.45	跟風	53.26
8	馬曉光	15.01	不要	48.24
9	導演	14.70	視訊	47.00
10	安峰山	14.54	造謠	43.86
11	票房	14.26	路人	34.46
12	來源	13.45	愛國	31.12
13	表示	12.30	黑子	28.19
14	交流	11.89	回覆	26.63
15	國台辦	11.88	心疼	26.63
16	開心麻花	11.73	真相	25.06
17	選舉	11.42	道歉	23.50
18	王多魚	11.26	配圖	23.50
19	金馬獎	10.95	希望	21.27
20	九二共識	10.78	澄清	20.92

註 1：詞彙排序按顯著性高低。

表 21：
官方新聞與藝人微博帳號評論的顯著詞交叉分析（香港）

香港	官方新聞		官方微博帳號評論	
序號	Keyword	Keyness	Keyword	Keyness
1	同性戀	13.74	支援	60.18
2	陳嵐	12.46	港獨	56.76
3	蔡康永	7.50	加油	55.41
4	Hebe	7.38	回覆	46.75
5	來源	7.38	林夕	31.56
6	明星	7.19	不要	30.31
7	支持	6.74	玫瑰	29.44
8	出櫃	6.61	中國人	21.06
9	網友	6.41	愛你	20.78
10	秘事	6.36	滾	19.05
11	時間	6.23	謝謝	19.05
12	兩人	6.10	妹子	17.32
13	小 S	6.10	港獨分子	17.32
14	斷背	6.10	寫	15.14
15	杜汶澤	6.00	呵呵	13.86
16	牽線	5.85	相信	13.47
17	公開	5.72	聽	12.73
18	王晶	5.47	我們	12.56
19	張柏芝	5.47	知道	12.47
20	主演	5.34	快樂	12.15

註 1：詞彙排序按顯著性高低。

最後比較官方微博帳號評論與藝人微博帳號評論，在臺灣藝人爭議事件中，前者顯著詞依舊是「JYP」、「趙薇」與其對應動詞「抵制」。但值得一提的是，還包括了「新浪」、「渣浪」、「環球」、「共青團中央」組織名稱。「渣浪」是中國網友對新浪的蔑稱，以表達對新浪無故刪除網友視頻、貼文與評論的審查機制之不滿，因此該詞彙做為官方微博帳號評論的顯著詞，亦反映出網友攻擊的對象從藝人擴展到對社群平台微博本身的攻擊，加上「環球時報」與「中央共青團」顯著詞，值得進一步研究。

在藝人微博帳號評論中，顯著詞出現「周子瑜」、「Twice」、「林心如」、「宋芸樺」事件當事人藝人，與正向表達詞彙「加油」、「支援」、「善良」、「珍惜」、「謠言止於智者」。其中顯著詞「黑子」是中國網路用語，指那些在網路上惡意抹黑他人的人。見表22。

在香港藝人爭議事件中，官方微博帳號評論顯著詞有「蘭蔻」、「襪子精」（何韻詩）、「李施德霖」事件當事人藝人與代言品牌，以及負向表達動詞「抵制」、「無良」。而「共青團中央」、「共青團」也作為顯著詞，可見於事件中扮演積極鼓吹抵制的角色。藝人微博帳號評論顯著詞包含「林夕」、「盧凱彤」、「秋生」事件當事人藝人，以及對應正向的表達動詞「加油」、「愛你」、「快樂」、「撐」（廣東話，語意等同普通話的支持）。見表23。

第五節 小結

透過詞頻、搭配詞與顯著詞分析，發現官方新聞、官方微博帳號與藝人微博帳號評論內容皆各自具有獨特的特徵：

首先（一）官方新聞報導臺灣藝人爭議事件過程中，報導偏向使用「臺獨」與「兩岸關係」等政治詞彙，反映出官方媒體將爭議事件定調為「國族認同」爭議，並由官方機構國台辦統一發言。有趣的是從集體用詞偏好，媒體報導一致使用象徵「我群」的集體用詞，試圖建構兩岸一家親的形象。

表 22：官方微博帳號與藝人微博帳號評論的顯著詞交叉分析（臺灣）

臺灣	官方新聞		官方微博帳號評論	
序號	Keyword	Keyness	Keyword	Keyness
1	JYP	44.73	加油	160.95
2	我們	32.61	周子瑜	71.47
3	趙薇	27.10	林心如	65.54
4	刪	22.44	跟風	49.66
5	中國	15.97	路人	40.21
6	新浪	14.99	Twice	40.21
7	公司	11.47	宋芸樺	39.00
8	外網	11.29	真的	37.80
9	渣浪	11.22	造謠	37.64
10	控制	11.02	支援	29.26
11	環球	10.28	澄清	26.85
12	抵制	9.67	善良	26.24
13	媒體	8.85	希望	25.45
14	共青團中央	8.66	黑子	23.88
15	公知	8.60	珍惜	21.54
16	在外	8.60	瞭解	20.12
17	封殺	8.47	謠言止於智者	19.72
18	勢力	8.47	sixteen	18.05
19	道歉	8.09	純純	15.79
20	兩面三刀	7.79	努力	15.39

註 1：詞彙排序按顯著性高低。

表 23：
官方微博帳號與藝人微博帳號評論的顯著詞交叉分析（香港）

香港	官方新聞		官方微博帳號評論	
序號	Keyword	Keyness	Keyword	Keyness
1	蘭蔻	35.00	林夕	32.75
2	抵制	30.72	加油	24.09
3	共青團中央	26.55	音樂	12.07
4	因素	14.08	玫瑰	11.70
5	每一分錢	14.08	愛你	10.34
6	安全	14.02	歌	9.48
7	轉發	13.79	寫	8.75
8	無良	12.87	盧凱彤	8.69
9	襪子精	12.87	哥	8.48
10	成為	12.87	快樂	8.48
11	李施德霖	12.07	生日	7.77
12	堅決	11.73	英國	7.77
13	不買	11.67	相信	7.68
14	不想	9.91	聽	7.63
15	藏獨	9.09	秋生	6.89
16	暴恐	8.85	詞	6.11
17	牌子	8.05	地方	6.03
18	市場	7.64	撐	6.03
19	共青團	7.24	捧	6.03
20	品牌	7.24	淚流滿面	6.03

註 1：詞彙排序按顯著性高低。

與前述情形相悖，在香港藝人爭議事件過程，官方媒體則意圖輕描淡寫，出現「去政治化」的論述特徵。首先官方媒體幾乎不提「港獨」，而將爭議事件定調香港藝人因支持「佔中運動」而引發的中國網友抵制現象。其次，從人物名稱與消息來源可見侷限藝人本身，沒有引述官方消息來源。另一方面，也不若報導臺灣藝人爭議事件一致使用象徵我群的用詞。

接著（二）官方微博帳號評論，在臺港藝人爭議事件中皆出現「臺獨」與「港獨」，但是相對「臺獨」作為最頻繁的政治相關詞彙，「港獨」的詞頻排序則屬後段，雖然中國網友也將香港藝人爭議事件視為國族認同議題，但討論熱度不高。

在臺港藝人爭議事件中，「趙薇」、「JYP」、「蘭蔻」、「李施德霖」是最頻繁出現的人物與組織，除了反映國族主義宣洩對象並非侷限於臺港藝人，更轉移至攻擊藝人背後的經濟來源，連帶給予藝人有效的制裁。

至於在香港藝人爭議事件中，中國網友將「藏獨」與「港獨」連結，支持「獨立」等同支持「分裂」，甚至提及「暴恐」，意圖將事件建構為涉及分裂國家跟恐怖攻擊的負面意象。值得深入分析的是，官方組織「共青團中央」微博在事件過程中扮演了重要意見領袖，其留言被網友多次轉引，可能代表官方國族主義對民間的影響力。

（三）在臺灣藝人微博帳號評論，「臺獨」始終為最頻繁的政治相關詞彙，而香港藝人爭議中「港獨」首次位列政治相關詞彙詞頻第一名，與官方新聞、官方微博帳號評論產生差異，顯見在藝人微博帳號留言的網友偏好使用「港獨」一詞，將事件與港獨做直接的連結。再者，臺港皆明顯以正面情緒表達詞居多（加油、支援），甚至在臺灣藝人微博帳號評論出現「造謠」、「愛國」、「澄清」等關鍵詞，企圖為藝人的國族認同傾向辯護，表示在藝人微博帳號評論中網友多數抱持同情而非苛責當事人藝人的態度。

最後（四）本研究透過顯著詞交叉分析進一步證明三種文本各自具有的論述特徵。特別的是官方微博帳號與藝人微博帳號評論顯著詞比較中，臺灣事件前者出現「新浪」、「渣浪」組織名稱顯著詞，則暗示網友在事件攻擊對象還延伸到社群平台新浪微博，而其中前因後果則需透過進一步的論述分析理解。

透過量化分析官方新聞、官方微博帳號與藝人微博帳號的關鍵詞使用趨勢後，本文根據語料庫分析結果，結合特定關鍵詞上下文脈絡索引，分析具代表性的關鍵詞其背後反映的國族論述特徵。

CHAPTER

05

關鍵詞脈絡索引的質性分析

透過語料庫分析，本研究整理了官方新聞、官方微博帳號評論、藝人評論的幾個重要關鍵詞，如下表24。接著透過關鍵詞索引功能，鎖定具代表性的文本進行質性論述分析。

在本章安排，第一節比較官方新聞對臺港藝人爭議事件的定性，關鍵詞組包括「馬曉光」、「安峰山」、「國台辦」，凸顯官方消息來源如何評論臺灣藝人爭議事件；香港藝人爭議事件分析則圍繞雨傘運動相關的關鍵詞「佔中」、「法治」。

表 24：臺港藝人認同爭議事件的關鍵詞比較

地區	臺灣	香港
官方新聞	馬曉光／安峰山／國台辦 我們／一個／同胞／共同	佔中／法治 一個／他們／你們／我們
官方微博帳號	我們／一個／他們／你們／大家 趙薇／ JYP ／新浪／渣浪 環球／共青團中央 外網	我們／你們／一個／他們 蘭蔻／李施德霖 共青團中央
藝人微博帳號	一個／你們／我們／大家／他們	我們／你們／一個

在第二節，比較官方新聞、官方微博帳號評論、藝人微博帳號評論的集體用詞語意脈絡，針對指涉我群（「我們」、「一個」、「同胞」、「共同」、「大家」）與指涉他者（「你們」、「他們」）的關鍵詞彙進行分析，並探究我群與他者之間的關係。

在第三節，分析官方微博帳號評論中，以「趙薇」、「JYP」、「新浪」、「渣浪」、「蘭蔻」、「李施德霖」非當事人關鍵詞組，所凸顯的周子瑜事件、戴立忍事件、何韻詩事件為例，探究中國網友在臺獨與港獨之外的他者想像，並分析「環球時報」、「共青團中央」與中國網友的互動關係，於最後第四節統整分析結果。

在分析之前，本研究認為必須先掌握各個事件涉及臺獨的程度差異，特別是臺灣藝人爭議事件，如下圖5。研究者對事件性質的判斷並不一定代表中國官方與民間具有相同的定義，然而將事件性質做分類之後，再觀察關鍵詞脈絡與各事件對應關係，則有助於我們更加理解官方與網友的立場與論述特徵。至於香港藝人認同爭議事件，則因為缺少政治人物評論，而且都與支持雨傘運動

圖 5：臺灣藝人認同爭議事件的性質光譜

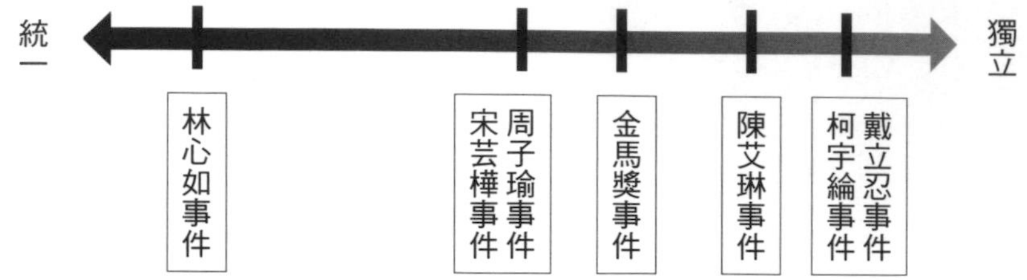

而遭到抵制相關，事件性質類似而不需加以分類。

在光譜最右端代表傾向支持臺獨，最左端則代表傾向支持兩岸統一。若按照事件當事者認同傾向來判斷事件性質，在最右端是戴立忍事件與柯宇綸事件。戴立忍被中國網友抵制的原因在於他本身曾參與過太陽花運動、雨傘運動，[1] 而柯宇綸曾反對國民黨榮譽主席吳伯雄提出的「一國兩區」主張，親身參與太陽花運動，以及其來自臺獨家庭背景。[2] 再加上陳艾琳事件，被中國網友挖出她曾經支持反服貿黑箱，並貼文明白表示「沒有內地市場，沒有賺人民幣都無所謂」，相對其他事件，這三起事件的當事人有比較明顯的臺獨傾向與言論。[3]

而金馬獎事件過程，紀錄片獲獎導演傅瑜在頒獎典禮發表傾向臺獨的言論，引來中國藝人以「中國臺灣」、「兩岸一家親」等言論反駁，金馬獎主辦單位則夾在中間，替兩股認同陣營緩頰。[4]但金馬獎執行委員會將最佳紀錄片頒給以太陽花運動為題材的《我們的青春，在台灣》紀錄片，並且沒有在事後否定傅瑜導演的臺獨言論，因此本研究將該事件放在光譜偏右的位置。

再來周子瑜事件、宋芸樺事件，兩位藝人都沒有明顯的臺獨言論與認同傾向，周子瑜因為在韓國節目中拿出中華民國國旗，而被臺灣親中藝人黃安舉報為臺獨分子；[5]至於宋芸樺則是被中國網友挖出數年前在採訪中回答「我最喜歡的國家

1／蘋果日報，2016年7月9日
2／中央社，2018年3月28。
3／蘋果日報，2016年10月23日。
4／NOWnews，2018年11月18日；蘋果日報，2018年11月18日。
5／蘋果日報，2016年1月14日。

是臺灣」而遭到抵制，[6]因此本研究將兩起事件放在光譜中間的位置。

最後林心如事件，則因為她自製自演的電視劇《我的男孩》因為接受臺灣文化部兩千萬輔導金的補助，而被中國網友舉報為臺獨。然而林心如過去曾響應中國抗議南海仲裁案，透過微博帳號轉貼「中國一點都不能少」的貼圖，[7]因此本研究將其立場視為傾向支持統一。

第一節 官方新聞的事件定性

比較官方媒體對臺港藝人爭議事件的定性，臺灣部分是以官方消息來源構成的關鍵詞組「馬曉光」、「安峰山」、「國台辦」，香港部分則以圍繞雨傘運動構成的關鍵詞組「佔中」、「法治」，藉由找出關鍵詞的文本位置，進行論述分析。

首先臺灣藝人爭議事件中的關鍵詞皆來自國台辦消息來源，這彰顯官方新聞對事件的報導以國台辦對事件的看法為依歸。在所有案例中，國台辦僅針對周子瑜、陳艾琳、柯宇綸、林心如與金馬獎事件做出回應。

國台辦在二〇一六年一月十六日的記者會中，針對記者詢問對周子瑜事件的看法，國台辦並沒有正面的回應，除了重申「堅持九二共識、反對臺獨」的兩岸政治基礎，僅說明：「對臺灣有些政治勢力利用兩岸民間交流中的個別事件，挑撥兩岸民眾感情，兩岸同胞要高度警惕。」[8]

相反在二〇一六年十月二十六日的記者會中，面對臺灣TVBS記者針對陳艾琳說過「臺灣是我的國家，沒有賺人民幣也無所謂」的言論發問，國台辦發言人安峰山則清楚回應：「我們已經多次重申過，我們支持和鼓勵兩岸交流的立場和

6／TVBS新聞網，2018年8月3日。

7／蘋果日報，2016年7月15日b。

8／中國新聞網，2016年1月16日。

態度是明確的，也是一貫的。同時，我們堅決反對任何形式的『臺獨』分裂的立場也是堅定不移的。」[9]國台辦代表中共官方反對任何形式的臺獨分裂，其涵義在反駁陳艾琳所說的「臺灣是我的國家」。在同一個發布會，安峰山也特別指出兩岸並不是「特殊國與國關係」，並表明「臺灣是中國神聖領土不可分割的一部分，從來就不是一個國家」，而維持兩岸和平發展的關鍵在於雙方「確立九二共識，反對臺獨」，兩岸同屬一個中國的共同政治基礎與認同。[10]

國台辦發言彰顯「九二共識＝同屬一中＝反對臺獨」與「臺灣是國家＝支持臺獨」的二元國族論述意義，而陳艾琳被認為支持臺獨即在於承認臺灣是國家的政治認同不正確。

二〇一八年三月二十八日的例行記者會，國台辦安排新華社記者作為第一位發問記者，針對實施滿一個月的《關於促進兩岸經濟文化交流合作的若干措施》進行問答，一方面替政策背書，鼓勵臺灣參與兩岸經濟與文化建設合作；一方面批評臺灣當局民進黨政府不承認九二共識，阻撓兩岸合作進展。[11]發言人安峰山指出「我們支持臺資企業在大陸投資發展，也希望並相信廣大臺商會承擔起社會責任，促進兩岸經濟交流與合作，以實際行動來支持『九二共識』，反對『臺獨』，推動兩岸關係和平發展。」[12]

對於支持九二共識，反對臺獨的臺資企業，正是中共31條惠臺政策受惠者，但是如柯宇綸則因支持太陽花學運以及其父親柯一正的臺獨立場，而被拒於合作與惠臺政策之外。安峰山表示：「大陸不會允許持『臺獨』立場和具有『臺獨』言行的臺灣藝人參與的影片大陸上映。」[13]展現中共一貫「胡蘿蔔」與「棒子」並用的手段。

藉由例行記者會，國台辦亦試圖澄清謠言。二〇一八年十一月二十八日記者會，針對中國明年開始封殺金馬獎謠言，發言人馬曉光澄清是「赤裸裸的假

9／人民網，2016年10月26日。

10／人民網，2016年10月26日；中國新聞網，2016年10月26日。

11／辛聞，2018年3月28日。

12／人民網，2018年3月29日。

13／同上引。

新聞」，並指出：「這次一些政治勢力利用兩岸電影交流活動發表『臺獨』言論，製造事端，我想這種行徑不得人心，已經受到了島內輿論的譴責。」[14]然而該謠言似乎並非是假新聞，因為相隔不到一年，中國國家電影局便宣布「暫停大陸影片和人民參加二〇一九年第五十六屆臺北金馬影展」，給二〇一九金馬獎頒獎典禮投下震撼彈，國台辦並將原因歸咎於「民進黨當局和臺獨勢力」。[15]顯然在事件初期，中國官方尚未確定處理措施，而選擇於二〇一九年九月金馬獎前夕宣布暫停中國影片與影星參與。

除此之外，官方新聞也試圖替部分被抵制的藝人緩頰，例如在林心如事件過程，《人民網》報導「林心如也發表聲明稱她一直支持兩岸和平共處、友好發展，以前不曾未來也不會支持任何『臺獨』的行為和言論。」、「將拿到臺灣當局的補貼款項同『臺獨』等同是過度解讀」、「此事可能是因為商業糾紛所致，呼籲網友應該去抵制真正『臺獨』分子，勿枉勿縱。」[16]一方面，正如國台辦所言，若犯言論錯誤的臺籍藝人承認「臺獨」的錯誤與危害，則中國仍持歡迎態度。[17]另一方面，從官方新聞對事件的詮釋也反映了官方與民間對認定何謂臺獨產生分歧，林心如事件是由中國網友舉報林接受臺灣文化部補助，因此認定她為「臺獨」分子，類似狹隘排他的國族主義論述則被官方新聞否定。

上述分析結果，顯然國台辦針對事件性質的差異而有不同的回應，柯宇綸、陳艾琳因為個人已有明顯的臺獨傾向而受到官方新聞定調為臺獨分子；至於周子瑜事件、金馬獎事件、林心如事件則並沒有被定調為臺獨事件，官方新聞還進一步替林心如的一中立場背書。值得一提，同樣具有鮮明臺獨傾向的戴立忍則未被國台辦提及。

接著比較香港藝人爭議事件關鍵詞「佔中」、「法治」。第一，官方新聞報導將事件視為國內政治抗爭：「一個連自己的國家都不愛的人，一定是個沒

14／人民網，2018年11月28日。
15／中央通訊社，2019年9月11日。
16／人民網，2018年1月17日。
17／人民網，2018年3月29日。

有道德觀念沒有做人原則，只愛他自己不愛任何人的人！」[18]、「沒有強的國，哪有富的家。」[19]、「中國這麼大，無論哪裡出了亂子，中央都得管。」[20]以「沒有國哪有家」的論述斥責雨傘運動者不愛國，甚至直指為「漢奸」。[21]

其次，圍繞香港藝人爭議事件的「佔中」議題則主要被網友詬病其「破壞法治」的行為。一則運動人士發起佔領中環的行動本身即是違法，二則網友認為任何抗爭都必須在合法的範圍內，而「公民抗爭」本質就是違反法治精神，因而將對香港的核心價值造成破壞：「任何一個國家的民主，都是建立在法律基礎上的相對的民主自由，而不是肆意妄為、無法無天的民主自由」[22]、「開了這個壞先例，以後只要有人覺得任何事情不順眼，就可以打起『公民抗命』的旗號，對抗法律。法治是香港的核心價值，法治保護我們每一個人。「佔中」者一手把法治毀掉了。」[23]

官方新聞否定普選的可行性、釐清雨傘運動爆發原因並非來自貧富懸殊，而將原因歸咎於香港反對派追求自身利益，甚至與外人（美國）共謀，因此而被冠上「漢奸」之名。[24]與官方新聞直接將臺灣藝人爭議事件定調為國族議題相比，香港事件則被論述為單純的國內政治事件，而沒有涉及到認同問題。

第二節 集體用詞的他者與我群

一、臺灣藝人認同爭議事件

在臺灣藝人爭議事件中，官方新聞出現「我們」、「一個」、「同胞」、

18／新華網，2014年10月25日。
19／新華網，2014年10月22日。
20／人民網，2014年10月27日。
21／新華網，2014年10月23日。
22／新華網，2014年10月22日16／人民網，2018年1月17日。
23／人民日報，2014年10月24日。
24／人民網，2014年10月24日、2014年11月8日；新華網，2014年10月25日。

「共同」，四個指向我群的集體用詞，而沒有指向他者的詞彙。其中「一個」、「同胞」、「共同」具有實際建構國族認同的意義，並集中出現在二〇一六年十月二十六日、二〇一八年一月十七日、二〇一八年三月二十八日與二〇一八年十一月二十八日的國台辦記者會新聞報導。特別說明，在記者會中包含了國台辦對諸多記者的發問回應意見，因此在文本分析並不一定侷限於藝人認同爭議，而以整篇報導來觀察集體用詞的建構現象。

首先「一個」、「同胞」、「共同」並非作為單詞分布在不同的段落或文本，而是交錯出現，重複強調臺灣與中國為命運共同體：「大陸和臺灣同屬一個中國，『兩國論』的謬論早已遭到了兩岸同胞和國際社會的共同唾棄。」[25] 針對二〇一六年十月十三日臺灣司法院院長許宗力指出臺灣與中國為「特殊國與國關係」，[26] 國台辦發言人安峰山以「一個中國」、「兩岸同胞」、「共同唾棄」，區別出我群，用以反駁許宗力個人的觀點。

我群的建構，也包括預設文化的共同根源：「清明節是中華民族慎終追遠的傳統節日，公祭活動將以『溯源、尋根、凝心、鑄魂』為主旨，號召全體中華兒女勿忘根本，共同傳承中華傳統文化。」[27]透過分析國台辦記者會報導，彰顯國台辦偏好使用我群集體用詞，刻意論述兩岸一體的意象。

然而，在建構共同體的過程，國台辦並非沒有指認敵人，而是他者被孤立在更小範圍的，以破壞兩岸關係與共同福祉的負面形象出現：「臺灣新當局單方面破壞兩岸關係的共同政治基礎，導致兩岸既有的聯繫溝通機制停擺」[28]、「臺灣當局拒不承認體現『一個中國』原則的『九二共識』，同時放任縱容『去中國化』『漸進臺獨』，阻撓干擾兩岸交流合作。」[29]臺灣當局，即一向被認為反中的民進黨政權，是國台辦所稱的破壞中國與臺灣關係的共同敵人，而「他者」的特徵則在於他們拒絕承認九二共識，並支持臺獨。除此，國台辦也將兩岸的矛盾歸咎於「外部勢力」的介入：「某些外部勢力企圖打『臺灣牌』，給兩岸同胞製造困

25／人民網，2016年10月26日。
26／陳耀宗，2016年10月13日。
27／人民網，2018年3月29日。
28／中國新聞網，2016年10月26日。
29／中國網，2018年3月28日。

難。這些行徑危害兩岸關係和平發展，損害兩岸同胞的共同利益。」[30]總體而言，國台辦塑造的他者是少數臺獨分子與他國勢力，而希望將大多數的臺灣人容納進一個中國的屋簷之下。

官方微博帳號與藝人微博帳號評論對臺灣藝人爭議事件的集體用詞與意義則有不同論述特徵。在官方微博帳號評論中「他們」、「你們」指涉他者的關鍵詞出現次數頻繁，除了包含臺獨人士、港獨人士、民進黨、藝人及其經紀公司之外，中國網友的他者想像擴及整體臺灣社會：「我們把他們當同胞別人把我們當草包。」[31]、「臺灣人的想法有一個特點，就是我們罵了你們幾十年，你們就該受著，甚麼『支那』、『鬼畜』張口就來。你們抵制我們一次我們就接受不了。」[32]這類對集體臺灣社會怨懟的心理，也反映出臺灣與中國長期的矛盾，若中國官方強調兩岸為同胞是表面意義，相反的中國網友的評論則直接點明臺灣與中國並非是共同體的實質意義。

在評論中也出現「灣灣」、「臺巴子」對臺灣人的貶抑稱呼。[33]該則中國網友評論凸顯臺灣與中國在互相接觸後所經驗的矛盾：

大陸藝人幾乎無法在臺灣工作，李雪健領獎別了國旗就被灣灣罵個半死，陳雲林訪臺差點被丟汽油彈，張志軍訪臺狼狽不堪。大陸就是對臺灣予取予求，把人慣壞了，還想大陸談條件？官方不想引起臺灣民意反彈，搞的好像大陸就沒有民意？還有人怕影響臺灣人的感受，你這麼在乎他們的感受他們在乎過你沒？[34]

30／同上引。

31／笨死阿拉啦啦，微博評論，2016年1月16日。

32／淡墨青杉1987，微博評論，2016年1月15日。

33／「灣灣」、「臺巴子」為中國網路流行用語，「臺巴子」意指來自臺灣的鄉巴佬。

34／文景之帝，微博評論，2016年1月16日。

兩岸愈多緊密接觸、官方愈釋出更多善意，則愈激起中國網友對臺灣的怨懟情緒，形成更為疏遠的他者形象。繼而兩岸合作並非是最好的選擇，而是透過直接抵制、封殺，達到「一個中國」的目標：「我們就是要封殺你們『青天白日旗』在國際社會上的生存空間。」[35]

在藝人微博帳號評論中則是另一番論述，臺灣雖然同樣作為「他者」的形象出現，但卻並非是仇視對象。在分析關鍵詞「你們」、「他們」的文意脈絡時，中國網友站在同情立場的發言居多：「國家的歷史遺留問題導致了臺灣人身分這個與生俱來的原罪，面對現下這個不理智的網路環境，雖然後面的路有點難走，但還請你們加油。」[36]、「很多臺灣人根本不是因為taidu（態度）才說臺灣是國家的，只是因為他們從小接受這樣的教育，脫口而出罷了。我接觸很多臺灣人，說來中國是出國，但他們並沒有臺獨的意識。」[37]網友同情的原因主要在於國共分治後的歷史問題與文化教育的差異，導致臺灣人自認臺灣為一個國家，自認自己為臺灣人而非中國人，因此他們並非支持臺獨，而真正支持臺獨的人是「完全不會揮中華民國國旗」。[38]因此站在同情立場，對不同歷史、文化、民族的「包容」才是促進統一的正確道路：

> 先宣告，我反對臺獨，但我想説，兩岸分隔已七十年，臺灣也經歷幾次重大社會變革，尤其年輕一代，所經歷的教育和社會環境尤其不同，即便沒有統獨之分的普通人，他們的主體意識大多也是「臺灣」，統一是一個漫長的過程，需要我們相互包容，如果非要分個你我，臺灣十之八九沒有中國人。[39]

35／Talralsha 都有人搶，微博評論，2016 年 1 月 15 日。

36／翹首企盼 loveruby，微博評論，2018 年 1 月 7 日。

37／李澤言的公仔，微博評論，2018 年 8 月 4 日。

38／chantse，微博評論，2018 年 9 月 27 日。

39／彈吉他的馬義蟲，微博評論，2018 年 8 月 2 日。

將來有一天統一了臺灣，征服了他們，他們也歸順了，那他們以前有不少說過臺獨話的要怎樣？全殺？還是驅逐出境？民族文化的包容性呢？我們是要征服他們的心還是他們的地？我相信原諒了她的心，她會成為一個好人。[40]

比較官方新聞、官方微博帳號、藝人微博帳號評論，三者對於建構我群與他者內涵皆具有不同的意義。由消息來源國台辦發言作為代表的官方新聞，對他者的建構在於少數臺獨分子與他國干預，並希望將主流臺灣人納進一個中國、中華文化的大帽子之下，因此偏好以指向建構我群的集體用詞為論述特徵。然而官方微博帳號、藝人微博帳號評論則沒有前述詞彙使用偏好，且具有清楚的他者（臺灣），但差異在於若官方微博帳號的網友評論傾向建構仇視的他者，透過激烈的方式制裁臺灣人異議思想；則藝人微博帳號則傾向建構同情的他者，以同理、包容的態度理解兩岸分治的背景，以達到促成統一的目標。

二、香港藝人認同爭議事件

在香港藝人爭議事件中，官方新聞關鍵詞包括「一個」、「他們」、「你們」、「我們」。首先，官方新聞在稱呼香港民眾時並不會像是稱呼臺灣民眾使用「同胞」一詞，且區別出香港民眾與內地民眾兩個群體。「他們的這些行為引起眾怒。香港民眾不答應，內地民眾不答應，所有有血性的網友不答應。」[41]

進一步分析，發現從官方新聞敘述中可以看見明顯的我群與他者，而佔中事件反而被論述為刺激中國內地民眾國族認同感的契機：「『佔中』有一個意外效果，那就是再次凝聚了內地人的國家認同心，大家更加相信，的確有西方力量在搞我們，而且這個國家裡總有一些或者傻或者壞的人，他們心甘情願做

40／鴛鳩，微博評論，2018年8月2日。

41／鴛鳩，微博評論，2018年8月2日。

幫西方撬動中國國家利益的杠杆。」[42]報導明確排除香港民眾，提到國族認同的凝聚只限縮於內地民眾，反觀那些幫助西方力量損害中國國家利益的「他者」則為雨傘運動的支持者。

除此，在數落那些支持雨傘運動的香港藝人時，更反映出兩種社會意義：

> 「杜汶澤」們，你們是否想過，滴水之恩當以湧泉相報。從1997年香港回歸，20多年來，你們幾位幾乎都是靠內地的市場和粉絲在養著你們，你們身上還留著中國人的血液，現在別説湧泉相報了，你們違背「一國兩制」的原則、漠視基本法，「一邊賺著大把鈔票，一邊回頭罵娘」，對得起生你養你的國家？誰能容忍你們的行徑？……『杜汶澤』們，休想吃著我們的飯，砸著我們的鍋！[43]

在新華網以〈「杜汶澤」們，休想吃我們的飯，還砸我們的鍋〉為題，嚴厲的批評支持雨傘運動的香港藝人，並點名杜汶澤、黃秋生與何韻詩帶頭挺「佔中」、合唱「佔中歌」。在內文其中短短一段，便使用五個「你們」、兩個「我們」。第一，「你們」與「我們」看似並不僅僅是區別支持傘運動的香港藝人與中國內地民眾，正由於內文強調「香港回歸20多年來你們幾乎都是依靠內地市場和粉絲」、「休想吃著我們的飯，砸著我們的鍋！」，便隱喻了香港社會（他者）對中國社會（我群）經濟依賴卻又對立的關係，而這種經濟依賴關係則使中國社會視香港為敝屣：「內地公眾雖不希望、但並不怕『香港亂』。我們有甚麼好怕的？那裡又不給中央政府交一分錢稅，它對內地經濟扮演的角色又不是取代不了。」[44]

42／人民網，2014年10月27日。

43／新華網，2014年10月22日。

44／人民網，2014年10月27日。

第二，進一步地當這種不對等的關係昇華為父子母子間「生你養你」以及要求「湧泉以報」時，也反映出官方新聞作為殖民者與宗主國的心態，因此對香港社會的異議分子便更加無法容忍。若中國對臺灣是以苦口婆心的方式勸說與呼籲和平統一，則對香港則更為直接的批評、威嚇。

整理官方新聞對「他者」的指認，包含了支持雨傘運動香港藝人、學生、市民、香港專上學生聯會等一切反對派，以及其背後的西方勢力如美國國際民主研究院；[45]而「我群」便只有中國內地民眾，因此而形成了兩個敵對的想像共同體，扣除掉官方新聞引用他們視為「愛國愛港」者的導演王晶的反對雨傘運動評論，[46]夾雜其中的普羅香港民眾則成為灰色地帶。

官方新聞裡的他者對象，同樣適用於官方微博帳號與藝人微博帳號。分析官方微博帳號「你們」、「他們」關鍵詞脈絡，集中於批評香港藝人與代言品牌所代表的國家：

只是個外國牌子而已 公知粉們已經跪得唏哩嘩啦了 八國聯軍時期那不得了啊 得跪在人面前狂嗑頭求洋大人收留吧反正我是買得起 反正以後不買了 港獨臺獨盡情支援呀 看看誰人多咯 反正我們小粉紅們有錢買甚麼不行 不涉及底線 國貨日貨歐美的都隨意買 跟你們黑心漢奸狗們不一樣 窮的連蘭蔻都跪舔[47]

45／人民網，2014年10月27日，2014年11月8日；人民日報，2014年10月24日；新華網，2014年10月22日；環球時報，2014年10月21日。

46／新華網，2014年10月25日。

47／lemong675，微博評論，2016年6月4日。

該評論回應二〇一六年六月四日何韻詩蘭蔻演唱會遭代言公司取消事件，巴黎蘭蔻是法國高檔化妝品牌，因此中國網友將法國品牌與近代中國遭到西方入侵的屈辱歷史連結一塊，一方面批評那些支持蘭蔻品牌的國內同胞，二方面將港獨、臺獨形容為賣國求榮的漢奸，建構了港獨、臺獨、西方三位一體的「他者」形象。

再者，透過分析藝人微博帳號評論關鍵詞「你們」的詞彙脈絡，評論還加入了英國殖民香港史的背景，稱支持雨傘運動的香港藝人為殖民者後代：「盧凱彤，請你開誠佈公的回答你是否支援過佔中，如果是，請你趕緊滾回英國，因為香港是中國，你是殖民者的後代，香港不歡迎你。沒有大陸爹呵護，你們這些香港兒子吃屎都沒地方找。」[48]類似反映殖民者心態的論述無論在官方媒體或網路評論皆容易出現，與臺灣藝人爭議事件相比，香港爭議事件的官方與民間的他者形象與內涵是相對一致的。

第三節　漢奸、反華與西方資本主義

官方微博帳號的網友評論關鍵詞「趙薇」、「JYP」、「新浪」、「渣浪」、「蘭蔻」、「李施得霖」，集中於周子瑜事件、戴立忍事件、何韻詩事件。其中在周子瑜事件與何韻詩事件分析，彰顯出官方微博帳號對網友輿論的影響力，相反的戴立忍事件則反映出網友愛國主義發展的不可控性。

一、官方微博帳號貼文與評論的呼應

透過分析官方微博帳號貼文與網友評論的互動，本研究發現兩者之間具有連結，網友評論附和官方貼文，將抵制對象從藝人擴及其經紀公司（JYP 娛樂）

48／魯人東明，微博評論，2015 年 11 月 27 日。

與廣告主（蘭蔻、李施德霖）。

在周子瑜事件中，JYP 娛樂成為網友眾矢之的，而非事件當事人周子瑜，與官方微博帳號對事件始作俑者的定調相關。本研究分析共青團中央、人民日報、環球時報微博貼文，發現僅有共青團中央說明事件過程：「日前，有個藝人在國外娛樂節目裡發表不負責任的言論，內容背離了一名中國人的良知。……」[49]除此之外沒有官方微博帳號直接批評或呼籲網友抵制周子瑜。

然而人民日報與環球時報微博則獨對 JYP 娛樂給予批評。人民日報微博發文：「涉臺獨周姓藝人道歉了。面對韓國公司的『打馬虎眼』，粉絲喊出先國家後偶像，而即便現在雙雙致歉，公眾形象一時恐難挽回。」[50]顯然人民日報微博對 JYP 娛樂回應事件的做法感到不滿。另一方面，人民日報微博則引用國台辦對周子瑜事件的看法，呼籲「對臺灣有些政治勢力利用兩岸民間交往中的個別事件，挑撥兩岸民眾感情，兩岸同胞要高度警惕」[51]，跟隨國台辦發言將周子瑜事件定調為「某些政治勢力」刻意挑撥，而非周子瑜個人抱有臺獨思想。

環球時報微博對 JYP 娛樂批評更為苛刻，除了臺灣藝人被要求輸誠，凡是在中國賺錢的外國公司也必須被迫在兩岸之間抉擇，採取模糊立場反而更容易遭到杯葛：「一個想在中國賺大錢的公司，居然面對臺灣藝人的國籍問題上『打馬虎眼』，如果你JYP是『揣著明白裝糊塗』，想在臺灣和大陸兩頭賺錢，給我們耍『一邊一國』，那麼貴公司在我們大陸人眼中已經可以直接『狗帶』了。[52]為甚麼我們一定要跟一個16歲『小姑娘』過不去？」[53]

再者，周子瑜被環球時報微博再現為事件「受害者」，而JYP娛樂與綠營媒體才是必須抵制的對象：「耐心看完事件全過程，你就明白事件的罪魁是誰，明白我們為甚麼對周子瑜寬容，對JYP苛刻，對綠營媒體冷酷無情。……」[54]

49／共青團中央，微博貼文，2016年1月15日，2016年1月16日。

50／人民日報，微博貼文，2016年1月15日。

51／人民日報，微博貼文，2016年1月16日。

52／「狗帶」為中國網路流行用語，意指去死（go die）。

53／環球時報，微博貼文，2016年1月14日，2016年1月15日。

54／環球時報，微博貼文，2016年1月16日。

對 JYP 娛樂苛刻的原因在於事件過程中選擇冷處理或不回應中國網友的抗議，使得事件愈演愈烈；對綠營媒體冷酷無情的原因則在於他們炒作周子瑜為「臺灣之光」，並侮辱中國網友，將周子瑜作為擋箭牌（同上）。實際上，官方微博帳號與國台辦的觀點一致，將周子瑜定調為事件的受害者，始作俑者則為臺灣政治勢力（綠營媒體）。

而貼文中的網友評論，口徑也與官方微博帳號一致，從抵制周子瑜轉為抵制 JYP 娛樂，並稱讚官方微博帳號支持周子瑜是正確的選擇：

> 對於國際，我們能做的是佔據道德制高點，保護周子瑜將其作為打臉灣灣的證據，這也是國家的意思，你去看看人民日報官博、環球時報官博，他們為甚麼支援周子瑜，就是這個道理。[55]
>
> 環球在甩鍋！[56]這點很聰明！……臺獨分子屢次把臺獨標籤

> 貼在子瑜身上妄圖陷害子瑜，我們對這種傷害子瑜表示拒絕。子瑜已經表明立場，我們要保護子瑜，抵制臺獨！[57]
>
> 環球今天兩米八，[58] 周子瑜只是被推出來的砲灰而已，現在討厭的不是她，反正她已經為自己的言行付出了代價，噁心的是 JYP 這個公司，……[59]

55／陽光下靜默無聲，微博貼文，2016 年 1 月 16 日。

56／「甩鍋」為中國網路流行用語，原意指將輸掉遊戲的原因歸咎給隊友，即將責任轉移給他人。

57／純屬虛構 zhang，微博評論，2016 年 1 月 15 日。

58／「兩米八」為中國網路流行用語，形容氣場強大或形象高大威猛，對他人表示敬佩的意思。

59／舊時光裡的 Constance，微博評論，2016 年 1 月 15 日。

尤其中國網友認為 JYP 娛樂在「外網」引導娛樂，導致全世界對事件產生誤解，認為中國人心胸狹隘，甚至被外國媒體點名侮辱「中國豬欺負小女孩」，更讓中國網友憤恨不平：

> JYP 誘導讓全世界都以為中國欺負了一個臺灣的女孩 說中國是一個狹隘的民族等抹黑中國形象的話！[60]
>
> JYP 成功誤導韓國民眾，導致擁有500多萬粉絲關注的韓國娛樂網站 koreaboo 聲稱中國豬欺負小女孩，是可忍孰不可忍！[61]
>
> 我承諾：即日起抵制所有韓國 JYP 公司的主辦方電視台，抵制 JYP 所售演唱會，專輯等所有產品，拒絕為 JYP 旗下所有藝人投票。[62]

在中國語境裡「外網」指得是中國網站以外的區域，由於中國政府封鎖諸如Google、臉書、Youtube、Twitter等國外瀏覽器與社群軟體，使得中國網站與外國網站形同「內網」與「外網」兩個世界的關係。因此當「外網」出現詆毀中國人的言論時，中國網友最直接表達憤怒的方式便是直接對JYP娛樂實施抵制與經濟制裁，儘管發文侮辱中國的Koreaboo韓流媒體並非隸屬於JYP娛樂。

在何韻詩事件，「蘭蔻」與「李施德霖」同樣受到中國網友抵制，共青團中央與環球時報微博皆直接點名蘭蔻與李施德霖任用港獨分子，而非直接聲明抵制藝人本人：

60／赫山遠小少，微博評論，2016年1月15日。

61／快來數一數678，微博評論，2016年1月15日。

62／Silence_23，微博評論，2016年1月15日。

日前，熱銷漱口水品牌李施德霖和知名化妝品品牌蘭蔻找『港獨』藝人何韻詩參加品牌推廣活動。得知此事的內地網友紛紛表示要抵制這兩個品牌的相關產品，評論全程高能。[62]

有網友爆料，在內地熱銷的漱口水品牌李施德霖，以及蘭蔻化妝品，近日在香港新推出的品牌推廣活動中，皆請了支持港獨，並且上週又在日本力挺藏獨頭目的何韻詩做代言活動，你們怎麼看？[63]

官方微博帳號對李施德霖與蘭蔻興師問罪，呼應網友輿論的走向：「襪子精自由的選擇港獨，蘭蔻自由的選擇支援它，我們自由的選擇抵制蘭蔻，大家自由才是真正的自由。」[64]中國網友選擇強調抵制蘭蔻，並要求蘭蔻必須「承認一個中國，香港臺灣是中國的」。[65]

網友還進一步將敵視蘭蔻品牌轉換為敵視法國民族，並與二〇〇八年奧運會火炬傳遞至法國受到藏獨港獨分子阻撓的事件產生互文：「法國人最噁心了，支援藏獨港獨，永遠不會忘記他們對我們的〇八奧運會火炬傳遞做了甚麼。」[66]相比於臺灣藝人爭議事件的官方評論，香港藝人爭議事件的官方評論較為單純，只有針對藝人與其代言品牌留言抵制抗議，亦不見新浪刪帖的問題。

二、網路愛國主義的不可控性

透過分析關鍵詞「趙薇」、「新浪」、「渣浪」的文本內容，官方微博帳號並非完全能夠控制輿論的發展，網友也可能出現過激評論，以及與官方微博

62／Silence_23，微博評論，2016年1月15日。
63／環球時報，微博貼文，2016年6月4日。
64／伐秦滅越楚懷王，微博評論，2016年6月6日。

65／戀文叔慕麗華，微博評論，2016年6月7日。
66／火火紅火紅的火紅，微博評論，2016年6月6日。

帳號相悖的國族仇恨對象，這一部分的彰顯出網路愛國主義發展的不可控性。

在周子瑜事件中，「新浪」被一部分網友視為抵制對象，主要原因在於新浪刪除周子瑜臺獨相關話題、愛國評論，並發表傾向支持周子瑜的文章：

> 渣浪臺獨宗罪行：1.幫忙刪除＃周子瑜臺獨＃的話題，2.撤掉熱搜、熱門話題、榜單等，3.刪除大量愛國評論，4.渣浪新聞發表傾向臺獨婊的文章，5.渣浪臺灣地區總監力挺臺獨周子瑜。[67]

新浪微博建立初期，曾經在二〇一〇至二〇一二年被認為是言論自由的黃金時期，是擺脫主流媒體之外自媒體發聲的平台，然而中國政府在二〇一二年以後加強對新浪管制，並開始透過經營官方社交媒體介入網路輿論的引導，因此「刪帖」遂成為新浪自我審查的機制以避免觸犯官方言論禁忌。[68] 扮演社群平台中介的新浪微博夾在官方與民眾之間，「刪帖」除了代表新浪管理階層早一步「認為」內容可能觸犯官方禁忌，還代表了網民抵制周子瑜事件脫離官方掌控，應而必須藉由控制社群平台輿論消解過度熱血的抵制運動。

兩種可能性皆彰顯官方國族主義與民間國族主義建構他者的差異，正因為新浪阻擋網民發表抵制周子瑜事件言論，因此而被認為是「賣國賊」，受到中國網民猜忌。因而在抵制運動過程形成安內攘外的局面，這一系列的國族敵人從臺獨勢力、周子瑜與 JYP 娛樂、美日媒體，到中國國內漢奸掌握了社群平台的輿情散播功能，都是中國必須克服的國族敵人：

67／火火紅火紅的火紅，微博評論，2016 年 6 月 6 日。

68／醉看紅顏夢一場，微博評論，2016 年 1 月 15 日。

懷疑新浪的董事長和臺獨私下有甚麼交易，藉助新浪平台做出賣國家利益的事，希望中央重視重視下。[69]

請求中央刻不容緩開展網路輿情戰，組織和監察工作。給出一個能讓網友反映當今輿情問題的站點。內有公知抹黑，新聞評論反愛國分子，主要論壇新浪，百度都有內鬼，外有輪子，臺獨勢力，美日媒體妖魔化中國網路形象！全民輿情站刻不容款！中國不會從內部被打敗！……[70]

在戴立忍事件中，「趙薇」做為中國網民眾矢之的，則更凸顯新浪游移在遵守言論潛規則與吸引消費者持續使用平台之間的尷尬位置。從網友評論中可以發現將趙薇與新浪連結出現一套論述步驟：

（1）首先中國網友針對新浪旗下的網路新聞與社群平台在報導趙薇的觀

點感到不滿意：「幾乎所有的官媒都發聲了，騰訊、搜狐、微博等卻一片祥和，各種宣傳趙薇捐款美化趙薇，這一次我覺得國家真心危險了，一個小戲子竟然掌控了這麼多媒體。」[71]

（2）網友已經不再滿意充斥娛樂星聞與純社會事件的報導：「趙薇事件性質如此惡劣，百度騰訊無聲無息，警民醫患挑撥矛盾資訊轟炸，國家正面報導少之又少，從來不見上熱搜，國家負面新聞總是鋪天蓋地，每天就是一些娛樂追星亂七八糟的事天天上頭條，……」[72]

（3）接著網友發現「愛國網友們關於趙薇事件的理性分析和評論，都被

69／Han, 2016。
70／橘子味大檸檬，微博評論，2016年1月15日。
71／蒙富蘭克林，微博評論，2016年1月16日。
72／一條大尾的鱸鰻，微博評論，2016年7月14日。

刪除，留下的都是憤恨的評論」，[73]並推測演繹了新浪洗白趙薇的一組步驟：「1. 趙薇國籍上頭條 2. 網友上當，揪著國籍不放 3. 趙薇拿出國籍 4. 公知大 v 一起反擊，這是網路暴民對言論自由的打壓，必須控制網路暴民。」[74]為了避免抵制趙薇運動被定調為暴民行為，中國網友紛紛呼籲大家理性評論，找出背後真正的敵人。

因此中國網友認為趙薇與新浪顯然是一夥的，而其背後各代表了同流合汙的勢力——資本主義與反華勢力，超脫官方微博帳號建構的國族仇恨對象：

> 從趙薇事件都可以看出，渣浪等很多主流媒體已經被西方勢力，反華勢力控制，控制我們的社會輿論，……[75]
>
> 時至如今，我們抵制的已不是電影，不是戴立忍，不是水原希子，而是像趙薇一樣的資本主義在中國的代言人。即使公

知美分水軍洗地，[76]我們的初衷永遠不會變。人不犯我我不犯人，現在資本主義顛覆我國之心仍存，我們必須團結。……[77]

資本控制輿論才是關鍵！趙薇和馬雲的關係在於共濟會，而阿里巴巴控制20多家主流媒體包括騰訊，新浪，鳳凰等，百度李彥巨集和任志強都是他們那一夥，，而共濟會背後是美國，這就是分裂反華的那部分事了，還有李連杰壹基金也是共濟會在中國的分支！這麼多年被教化洗腦，他們黑國家黑黨！要亡我民族啊[78]

73／雲淡風清--嫵，微博評論，2016年7月14日。

74／是小白兔誒，微博評論，2016年7月14日。

75／莫天杰，微博評論，2016年7月14日。

76／草字蜮，微博評論，2016年7月14日。

77／「公知每分」為中國網路流行用語，意指一味歌頌外國制度與文化較優良的公共知識分子。

78／周周周周小雯，微博評論，2016年7月15日。

趙薇勢力何以讓中國網友受到威脅？在於他背後所代表的西方勢力、反華勢力，並透過資本主義來箝制中國輿論的導向，試圖讓趙薇在事件中全身而退。在中國網友看法，控制言論的並非是官方政府，而是國內資本主義媒體，而資本主義媒體背後又是聽命於西方勢力。這些漢奸、資本主義媒體、以美國為首的西方勢力、反華勢力，其運作的最終目標在於打擊中國、打擊共產黨，以至於「亡我民族」。因此網友紛紛轉貼抵制趙薇過程必須抓住的核心目標：「資本控制媒體這個中心，還有臺獨反華這兩個基本點！」[79]發展至此，戴立忍事件不僅僅是單純抵制臺獨分子，他還包括維繫國家與民族，與官方新聞定調的他者想像不同，官方微博帳號網友輿論反映了漢奸、反華與資本主義勢力才應該是最重要的抵制目標。

值得注意的是，在網友認為新浪微博受到資本主義箝制的同時，他們則寄望於官方微博帳號如環球時報、共青團中央、紫光閣（中共中央國家機關工作委員會主辦的時政月刊）帶頭評論事件：「看到評論一直被刪，話題被撤，想死的心都有，看到共青團中央和紫光閣發聲，當時就淚奔了，瞬間感覺有支持了。」[80]、「我都要感動哭了，真的共青團中央！……新浪不可能連這個也要往下壓吧……」[81]官方微博帳號在事件中扮演了愛國網友的精神領袖。

第四節　小結

順著第四章語料庫分析結果，本章從特定關鍵詞鎖定具代表性的文本進行質性論述分析。首先（一）在官方新聞對事件的定性，在臺灣藝人爭議事件中，新聞再現典型的統一與獨立二元論述，即「九二共識＝同屬一中＝反對臺獨」vs.「臺灣是國家＝支持臺獨」，因此諸如陳艾琳、柯宇綸具鮮明的臺獨傾向言論，並

79／楊芊蕁Y，微博評論，2016年7月14日。
80／莫天杰，微博評論，2016年7月14日。
81／Alana璐璐，微博評論，2016年1月15日。

曾都支持太陽花運動，而被官方定調為臺獨藝人。

然而網友舉報為臺獨的藝人並非所有都受到官方肯定，例如本身較沒有臺獨傾向的周子瑜、宋芸樺、林心如，以及金馬獎事件。國台辦甚至替周子瑜、林心如闢謠，避免過度詮釋，這凸顯出官方與網友所認定的「臺獨」定義產生紛歧。再者，同樣具有明顯臺獨傾向的戴立忍卻沒有被官方定調。

在香港藝人爭議事件，官方新聞圍繞雨傘運動報導，並將「佔中」事件定調為國內政治抗爭，批評香港藝人支持破壞法治的運動。因此香港藝人爭議事件在官方新聞再現則不涉及國族認同問題。

其次在（二）集體用詞的建構，官方新聞、官方微博帳號、藝人微博帳號評論皆有不同的他者與論述特徵。臺灣藝人爭議事件中，官方新聞對他者的建構侷限在一小撮臺獨分子，並刻意使用我群集體用詞與文化號召，建構臺灣與中國為生命共同體。相反的在官方微博帳號與藝人微博帳號評論，則體現出他者擴展為整個臺灣，兩者的差異在於，官方微博帳號評論傾向建構仇視的他者，並希望透過抵制、封殺等較為激烈的方式強迫臺灣人接受一個中國政治體制。藝人微博帳號評論則傾向同情、同理他者，並希望以同理、包容的態度理解兩岸歷史差異，透過相互理解達到統一目標。

在香港藝人爭議事件，官方新聞、官方微博帳號與藝人微博帳號評論的他者形象再現內涵則相對一致，並不會刻意建構香港與中國為命運共同體。官方新聞清楚區別出他者香港，指出雨傘運動對國族認同的形塑侷限於內地民眾。官方新聞所再現的我群（內地）與他者（香港）關係，就如同殖民母國與殖民地的關係，強調中國對香港在經濟上的恩威並施。

最後（三）探究臺灣與香港之外的他者形象，則有幾個面向的發現：第一、官方微博帳號在事件過程中的起到影響輿論的作用。在周子瑜事件與何韻詩事件，發現官方微博帳號貼文對事件的態度（同情周子瑜、抵制JYP、抵制李施德霖與蘭蔻）獲得中國網友的回應支持與轉發。

第二、在周子瑜事件與戴立忍事件中，新浪微博刪帖與過濾評論，則被中國網友視為西方資本主義箝制中國輿論的導向。弔詭的是新浪微博刪帖動作是針對官方輿論控制下的自我審查反應，網友卻在不滿新浪之餘，轉而將官方微博帳號的貼文聲明視為抵制藝人運動的精神食糧，替官方微博帳號豎立良好的愛國官媒形象。

第三，在戴立忍事件中，趙薇喧賓奪主，成為中國網民熱烈討論與抵制的國內藝人。在網民眼中，趙薇背後代表了西方勢力、反華勢力，並透過資本主義與新浪共謀來控制中國輿論風向，企圖使趙薇在事件中全身而退。戴立忍事件不僅僅是抵制臺獨分子，它被上升為「亡我民族」的危機，而漢奸、反華與資本主義勢力才是最重要的抵制目標。戴立忍事件最後波及至趙薇，或許可以理解為何國台辦對事件沒有定調，特別戴立忍本身已經具有明顯的臺獨傾向，最重要的是它反映出網路國族主義並不一定依照官方的輿論導向發展。

CHAPTER

06

臺港中影視文化迴圈與中國網路國族主義

在觀察二〇一四年以後頻繁出現的臺港認同藝人爭議事件，除了實地分析圍繞事件的報導與討論內容，本研究也將事件放回宏觀的環境脈絡，拆解臺港中影視產業的「規範」、「消費」、「生產」過程如何與事件連結。尤其在中國社會語境裡，執政者意念對產業發展常具有決定性的影響，因此分析政府政策內容意義與走向便相當重要。

在習近平就任中共中央委員會總書記初期（二〇一三年三月十四日），依循以往中共領袖強調「和平統一」的溫和立場，然而面對二〇一四年三月太陽花運動背後的反中情緒，習近平則在同年九月二十六日會見臺灣統派團體時罕見重申「和平統一」與「一國兩制」，將「一國兩制」重新拋出並引發熱議。加上九合一選舉民主進步黨大勝，二〇一五年三月四日習近平在對臺工作會議再次重申「九二共識」，強調「基礎不牢，地動山搖」，威脅臺灣堅持「一中各表」的九二共識基礎。因此習的政策與態度轉向，被認為是轉趨強硬並反制臺獨。除此之外，在習近平的「四個堅定不移」的方針下擴大對臺經濟活動，企圖以經促統。[1]

中共政府針對香港的經濟政策惠予早自回歸初期便開始執行，然而近年對香港異議人士與港獨人士則同樣給予高度施壓。在該政治經濟局勢框架，本研究首先討論中國政府影視產業政策如何影響臺港中影視產業的發展，接著討論官方一面擴大臺港活動經濟，一面又如何圍堵臺獨與港獨藝人。

第一節　臺港中影視產業的文化迴圈

中國政府針對臺港的影視產業規範，主要採取鼓勵策略，試圖將臺港影視產業與相關工作人員吸納進中國市場。首先以臺灣為例，二〇一〇年「兩岸經

1／古晏豪，2015。

濟合作架構協議」（ECFA）中國方面即承諾「臺灣電影經過電影主管部門審查後，不受進口配額限制」。[2] 二〇一三年由中國國家新聞出版廣電總局發布的《關於加強海峽兩岸電影合作管理的現行辦法》，明確提到由中國電影集團公司出口分公司（簡稱出口公司）統一進口，其中「進口供公映的臺灣影片經國家廣電總局電影審查委員會根據《電影管理條例》進行審查，取得國務院廣播電影電視行政部門頒發的《電影片公映許可證》後，方可發行、放映。凡取得《電影片公映許可證》的臺灣影片，作為進口影片在大陸發行，不受進口影片配額限制。」給予臺灣電影製片產業進入中國市場極大的優惠與吸引力。

再者，《關於加強海峽兩岸電影合作管理的現行辦法》鼓勵臺灣與中國合作攝製電影，並享有國產影片待遇：「1、聯合攝製的電影，故事情節和主要人物與兩岸有關。2、聯合攝製的電影，聘用境外主創人員，應經廣電總局批准，其中飾演影片主要角色的主要演員中，大陸演員不得少於總數的三分之一，其他主創人員可不受比例限制。3、經總局批准，合作攝製的電影底片、樣片的沖印及後期製作，可不受特殊技術要求限制，在臺灣完成。4、根據相關規定，大陸與臺灣合作攝製的影片在大陸發行方面，享受國產影片相關待遇。」國產影片相關待遇的好處，例如在票房分成，國產影片可分享38%至43%分成，而好萊塢影片只能分享25%分成。[3]換言之，合拍片提供臺灣影視產業更多票房利潤，進一步鼓勵臺灣電影製作朝向合拍片的模式。

近期二〇一八年二月二十八日由國台辦、國家發展和改革委員會共同出台的《關於促進兩岸經濟文化交流合作的若干措施》，三十一條惠臺條款中有三條與影視產業相關：「第十八條、臺灣人士參與大陸廣播電視節目和電影、電視劇製作可不受數量限制。」、「第十九條、大陸電影發行機構、廣播電視台、視聽網站和有線電視網引進臺灣生產的電影、電視劇不做數量限制。」、「放寬兩岸合拍電影、電視劇在主創人員比例、大陸元素、投資比例等方面的限制；取消收取兩岸電影合拍立項申報費用；縮短兩岸電視劇合拍立項階段故事梗概

2／李政亮，2018年3月13日。

3／同上引。

的審批時限。」首先在臺灣演藝人員參與中國廣播電視節目、電影、電視劇的數量限制解除；其次將原本臺灣電影進口配額不受限制的規定放寬至電視劇，並開放各類媒體組織引進，不再由單一出口公司進口。在臺灣與中國合拍片也進一步放寬演員比例、中國元素、投資比例限制、取消合拍片申報費用等，等同將臺灣影視產業與影視人員吸納進中國影視產業圈，在規範上等而視之。

在二〇一九年一月二日習近平為《告臺灣同胞書》發表四十周年紀念會之後，同年年底進一步出台《關於進一步促進兩岸經濟文化交流合作的若干措施》，在二十六惠臺條款中沒有與影視產業直接相關之條文，但間接相關政策優惠如「台灣文創機構、單位或個人可參與大陸文創園區建設營運，參加大陸各類文創賽事，文藝展演展示活動。台灣文藝工作者可進入大陸文藝院團，研究機構工作或研學。」頻繁的政策優惠，顯現中國執政者擴大對臺經濟活動的積極度。

同樣相似的影視政策，也反映在中國對香港影視產業的各項政策優惠。早於二〇〇三年中國與香港簽署《內地與香港建立更緊密貿易關係的安排》

（CEPA），便提供香港電影與從業人員打進中國市場的利多，其中在《內地向香港開放服務貿易的具體承諾的補充和修正二》提到（1）香港電影不受進口配額限制：「根據香港特別行政區有關條例設立的製片單位所拍攝並擁有50%以上的影片著作權的華語影片，經內地主管部門審查通過後，不受進口配額限制在內地發行」。（2）中港合拍電影等同國產電影：「內地與香港合拍的電視劇經內地主管部門審查通過後，可視為國產電視劇播出和發行。」、「允許內地與香港合拍電視劇集數與國產劇標準相同。」（3）中港合拍電影在電影工作人員組成：「該影片主要工作人員組別中香港居民應佔該組別整體員工數目的50%以上。主要工作人員組別包括導演、編劇、男主角、女主角、男配角、女配角、監製、攝影師、剪接師、美術指導、服裝設計、動作／武術指導、以及原創音樂。」（4）允許電影粵語版本在廣東省放映：「允許香港與內地合拍影片的粵語版本，經內地主管批准，在廣東省發行放映；允許香港影片的粵語版本，經內地主管部門審查通過後，由中國電影集團電影進出口公司統一進口，在廣東省發行放映。」

二〇一九年四月十六日《新華社》發布媒體，為進一步推動中國與港澳電影產業的共同發展，再次放寬電影管制：「香港人士參與內地電影業製作不作數量限制」、「對內地與香港合拍片在演員比例及內地元素上不作限制」、「取消收取內地與香港合拍片立項申報費用」、「香港電影及電影人可報名參評內地電影獎項」、「香港電影企業在港澳地區及海外發行推廣優秀內地電影和合拍片可申請獎勵」。[4] 與臺灣相比，中國政府完全解禁港澳地區電影打進中國的限制，港中合拍片與國產片已無區別。

在生產與消費面向，根據二〇一九年九月二十四日經濟部國際貿易局發布的〈海峽兩岸經濟合作架構協議（ECFA）執行情形〉新聞稿，自二〇一〇年至二〇一九年八月共有三十七部臺片依據 ECFA 協議在中國上映，平均每年約三至四部臺灣電影通過中國電影部門審查後上映。[5]

在臺灣與中國電影合拍片，從二〇一〇年起呈現微幅增長與波動，相比尚未執行 ECFA 前的二〇〇九年，二〇一〇至二〇一七年兩岸合拍片數與佔總產量比例皆比較高，參考表25。再者，二〇一〇至二〇一七年合拍片佔總國產片

表 25：2009 年至 2017 年兩岸合拍片與其他臺片上映數比較

年分	合拍片	其他臺片	總和	合拍片佔總和比例
2009	5	41	46	10.9%
2010	8	42	50	16.0%
2011	10	55	65	15.4%
2012	11	34	45	24.4%
2013	9	47	56	16.1%
2014	6	48	54	11.1%
2015	13	53	66	19.7%
2016	9	58	67	13.4%
2017	9	54	63	14.3%

比例平均約 16.3%，在臺灣與他國合拍片之中，與中國合作的比例最高，其中以資金投資的合作模式為主。[6]

觀察臺片在中國上映數，二〇一一至二〇一五年兩岸合拍片約佔總臺片上映比例約四成到七成，而二〇一六年、二〇一七年則有減少

4／香港特別行政區政府新聞公報，2019 年 4 月 16 日。

5／經濟部國際貿易局，2019 年 9 月 24 日。

6／影視及流行音樂產業局，2018。

圖 6：2011 年至 2017 年兩岸合拍片與引進片在中國上映數比較

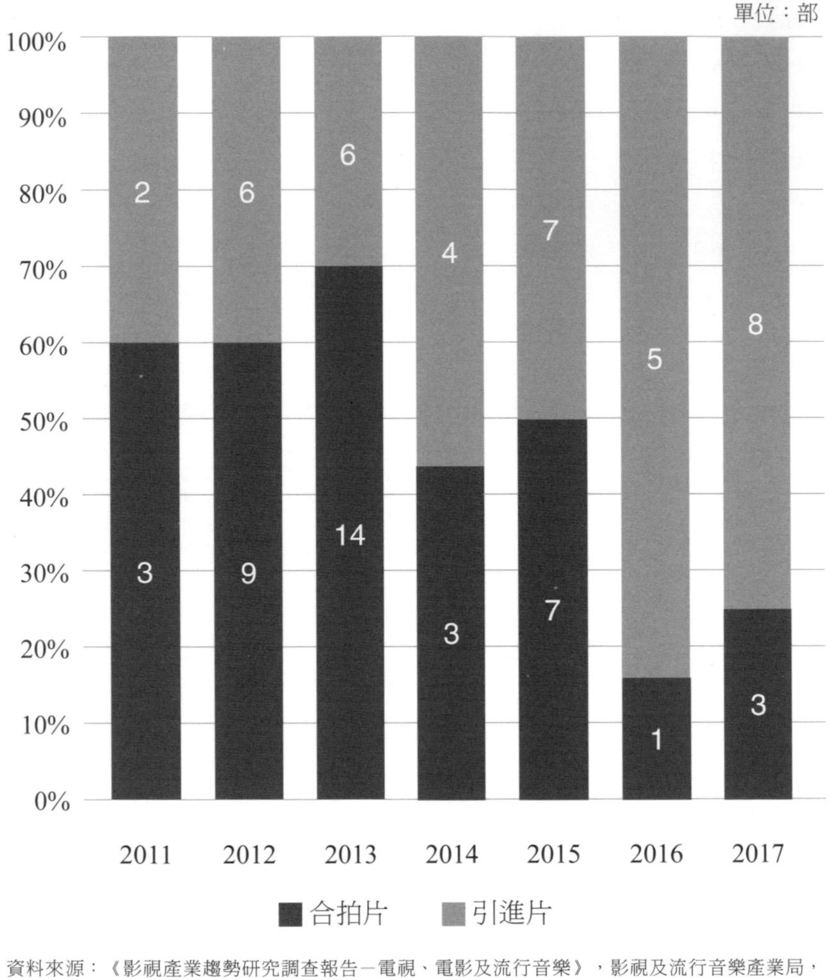

資料來源：《影視產業趨勢研究調查報告－電視、電影及流行音樂》，影視及流行音樂產業局，2012、2013、2013、2016、2017、2018、2018。取自 https://www.bamid.gov.tw/informationlist_243.html

圖 7：2011 年至 2017 年兩岸合拍片與引進片在中國平均票房

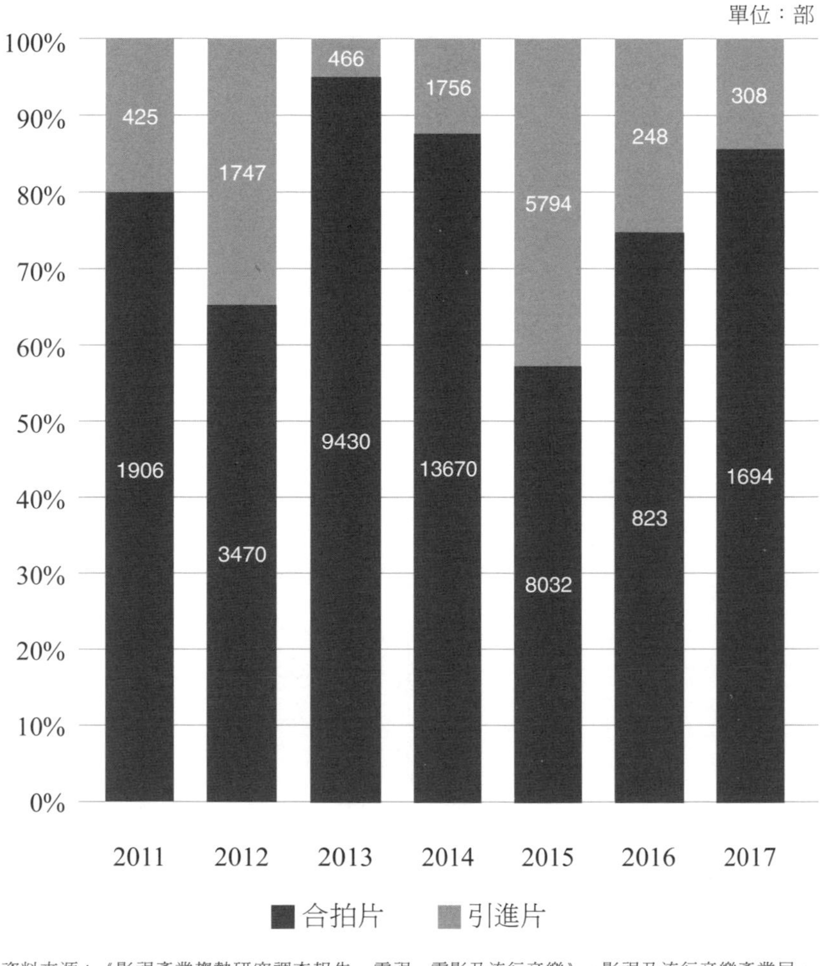

資料來源：《影視產業趨勢研究調查報告－電視、電影及流行音樂》，影視及流行音樂產業局，2012、2013、2013、2016、2017、2018、2018。取自 https://www.bamid.gov.tw/informationlist_243.html

的趨勢，參見圖6。然而觀察票房，合拍片每年的平均票房皆遠高於引進片（由於合拍片視同中國國片，以區別「引進片」），參見圖7。

因此合拍片除了被視同中國國片，得以獲得更多票房分成，且合拍片平均票房也比引進片亮眼。

二〇〇二年前中港合拍電影的產量僅佔香港電影的15%，[7]然而在二〇〇三年CEPA實施以後，則大幅增長至四成與六成之間，港中合拍片成為香港電影製作的主要趨勢。再者無論票房，中港合拍片在中國市場上映的數量遠高於引進片，這說明對香港電影製作而言，製作合拍片的誘因遠高於純港產片。參見表26、圖8、圖9。

7／陳澔琳，2018年7月25日。

表 26：2003 年至 2018 年港中合拍片與其他港片上映數比較

年分	合拍片	其他港片	總和	合拍片佔總和比例
2003	26	49	75	34.7%
2004	32	28	60	53.3%
2005	20	28	48	41.7%
2006	23	24	47	48.9%
2007	23	25	49	47.9%
2008	29	24	53	54.7%
2009	29	22	51	56.9%
2010	30	24	54	55.6%
2011	缺	缺	缺	缺
2012	35	17	52	67.3%
2013	26	17	43	60.5%
2014	27	23	50	54.0%
2015	32	23	55	58.2%
2016	39	19	58	67.2%
2017	32	19	51	62.7%
2018	25	27	52	48.1%

資料來源：《與中國市場緊密結合下的香港電影：產業、文本與文化的變遷》（頁 38），吳柏羲，2011，國立交通大學傳播研究所碩士論文；〈合拍片當道 導演陳詠燊：港味漸漸消失〉，《香港01》，陳澔琳，2018 年 7 月 23 日。取自 https://reurl.cc/e5yLER；《香港電影業資料彙編》，香港影業協會編輯，2018。取自 https://www.fdc.gov.hk/tc/press/publication.htm

圖 8：2012 年至 2018 年港中合拍片與引進片在中國上映數比較

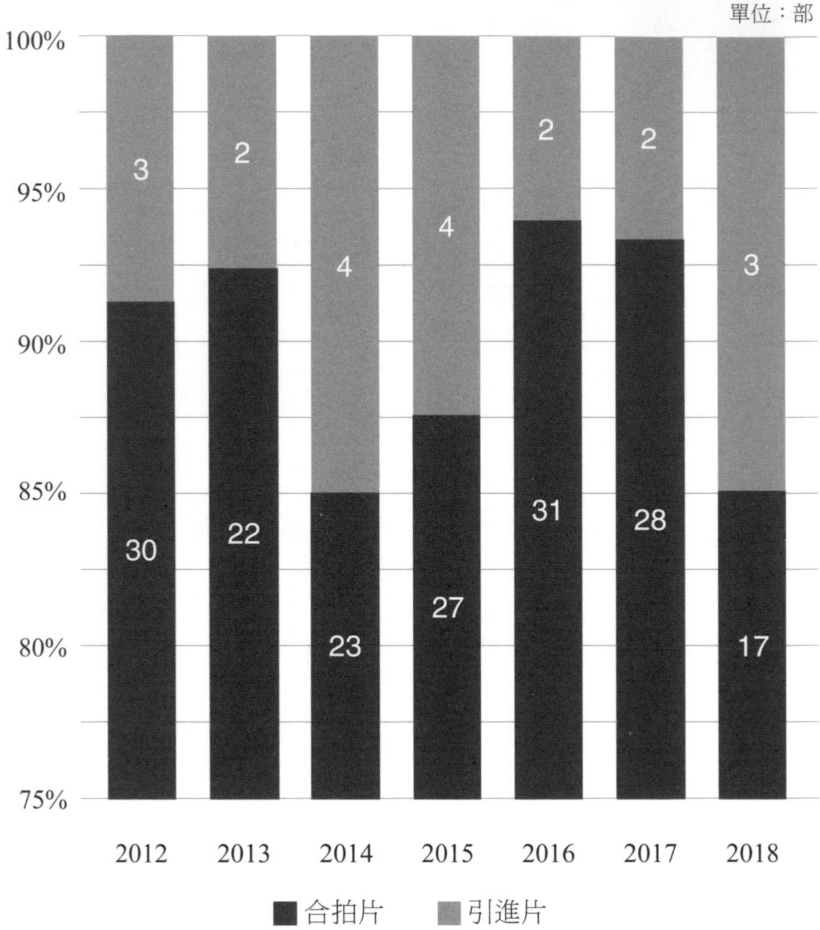

資料來源：《香港電影業資料彙編》，香港影業協會，2013、2014、2015、2016、2017、2018、2019。取自 https://www.fdc.gov.hk/tc/press/publication.htm

圖 9：2011 年至 2017 年兩岸合拍片與引進片在中國平均票房

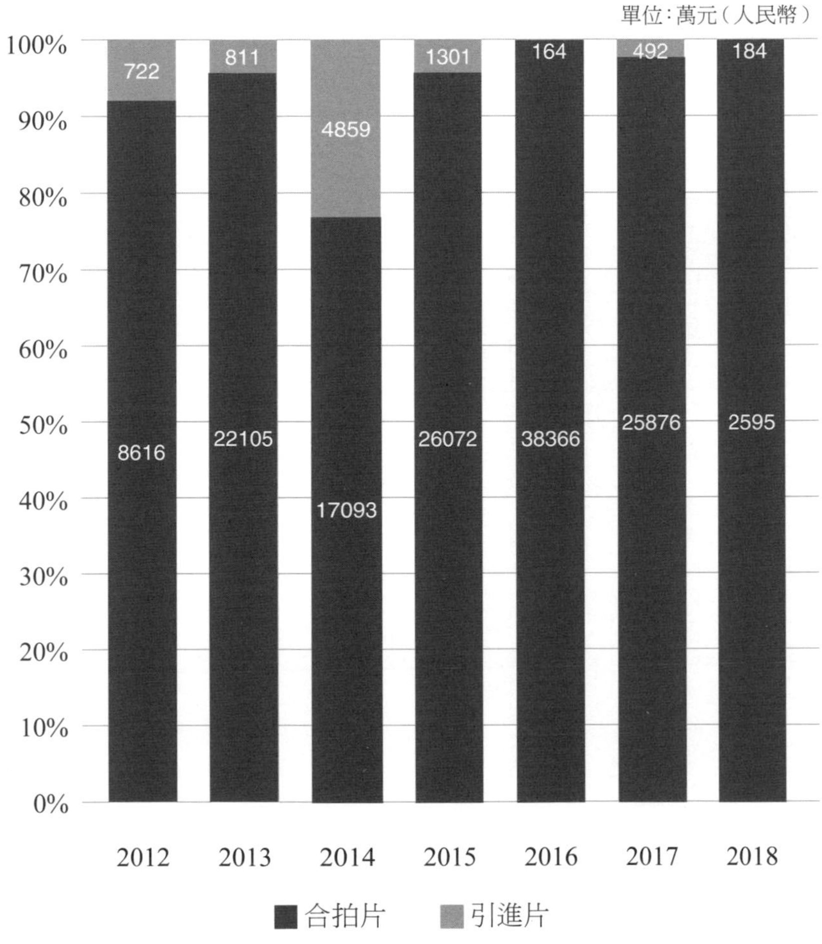

資料來源：《香港電影業資料彙編》，香港影業協會，2013、2014、2015、2016、2017、2018、2019。取自 https://www.fdc.gov.hk/tc/press/publication.htm

隨著合拍片增加，臺灣與香港社會都出現檢討具本土特色的臺片與港片是否消逝的問題，[8]且合拍片的增加相對的也擠壓純臺片、港片的產量。尤其香港合拍片當道，也代表著原本香港電影圈已被吸納進中國電影圈裡，對中國電影優惠政策、中國內地票房的依賴性都相對臺灣高出許多。

本文以近年臺港電影發展為例說明中國政府的影視政策優惠與合拍片優待，使臺港電影產業加深對中國市場的依賴。電影例子實屬一隅，臺港在電視產業、廣播產業、流行音樂產業也皆有傾向依賴中國市場的趨向。

再者，特別是臺港演藝人員外移到中國影視圈發展，影響了臺港中影視產業局勢與三地消費者偏好，中國節目在資金、內容、明星陣容遠超前於臺灣、香港節目已是近二十年發展的趨勢。吸引臺港演員的因素，首先是高昂的酬勞，以戲劇節目單集製作費而言，臺劇平均為二百零五萬元，中國劇平均則為七百三十六萬元；而在綜藝節目單集製作費，臺灣綜藝節目平均為九十六萬元，中國綜藝節目平均高達一千五百六十二萬元，遠高於臺灣綜藝節目平均製作費的十五倍。其他因素則包括中國龐大人口市場的粉絲影響力，以及因資金充裕所帶來的空間與舞台更多發揮彈性。[9]

在二〇一七年中國演藝人員收入百名排行榜，就有十三位臺灣藝人、十四位香港藝人，光是臺港藝人便佔了兩成七，[10] 這也形成「要看臺灣A咖明星，請轉對岸頻道」的現象，例如二〇一八年春節，相比臺灣跨年演唱出現眾多B咖演員，中國中央電視台的春晚節目可以看到亞洲天王周杰倫、偶像男星言承旭；浙江衛視跨年與春晚節目可以看到S.H.E.。中國一線衛視的開春戲劇《台灣往事》則由臺灣演員劉以豪、張書豪、侯彥西、程予希、簡嫚書及施明帥等人出演。[11]

從政策差別待遇的鼓勵、生產過程的資金挹注優勢，到中國消費人口的誘因，都促成臺港中影視產業重心往中國移動的趨勢。而臺港藝人大量前往中國發展，不僅使在地影視產業更傾向依賴中國影視產業發展，藝人個人也容易被

8／李佳穎、張家豪，2018年3月21日；林夕，2018年5月26日；陳澔琳，2018年7月25日。

9／NOWnews，2015年12月15日。

10／中環街市，2017年5月4日。

11／李佳穎、張家豪，2018年3月21日。

中國市場套牢，「政治正確」便是藝人踏進中國市場必須遵守的門檻。

第二節　官方對臺獨與港獨藝人圍堵的操作過程

然而官方政策優惠與潛在消費市場的紅利，僅限於分享給擁有相同政治立場的臺港演藝人員，相反的中國政府則透過公開聲明與檯面下的操作抵制具有臺獨與港獨傾向的藝人，試圖透過「拉」（政策優惠）與「推」（差別待遇）的策略統一臺港藝人的言論與思想，換而言之「只有在承認中國的統治合法性之下，才能獲得優待與進入中國市場」。

例如國台辦在二〇一八年三月二十八日的新聞發布會，宣傳三十一條惠臺條款的同時，也指出兩岸的經濟文化交流是在「堅持一個中國原則、堅持九二共識」基礎之下推動，並針對柯宇綸事件回應：「有關主管部門已經掌握你所提到的這個情形，而且表示說不會允許『臺獨』立場和具有『臺獨』言行的臺灣藝人參與的影片在大陸上映。如果這些臺灣藝人認識到『臺獨』的錯誤和危害，從思想上、行動上發生轉變，我們持歡迎態度。」[12]早前針對陳艾琳事件，國台辦也給予類似回應：「我們支持和鼓勵兩岸文化交流的立場和態度是明確的，也是一貫的。同時，我們堅決反對任何形式的『臺獨』分裂的立場也是堅定不移。」[13]

除了官方明確定調封殺的藝人，在中國影視圈也流傳出據說由中國文化部寄發的「封殺名單」，內容包含來自臺港的導演、歌手、作詞人與樂隊，例如吳念真、陳昇、樂團滅火器、林夕、杜汶澤、何韻詩等皆名列其中。[14]這些封殺名單並非空穴來風，例如因為表態支持雨傘運動的黃耀明、何韻詩、杜汶澤而

12／人民網，2018年3月28日。
13／人民網，2016年10月26日。
14／邱筠文，2016年12月30日。

被中國內地封殺一年的傳言，即有中國電視台工作人員受訪時承認：「最近接到領導的口頭傳達，不要去報導和轉發他們的相關新聞。」[15]

再者，中國政府也有意識地鼓勵民眾參與網路動員。二〇一六年七月十三日共青團發布的《青年信用體系建設規劃（2016-2020）》，計畫將兩千萬青年納入志願體系與信用體系，「根據志願工作（如參加小粉紅的網絡攻擊或線下集合）評定、增減青年的信用積分，並與創業優惠、乃至機票優惠等獎懲掛勾」。[16]意味許多線上抵制運動，很可能在二〇一六年以後是由共青團中央推動有組織、有系統的網軍來操作動員。

本文特別研究中國政府在社交媒體的動員模式與影響力。首先比較官方微博帳號在藝人爭議事件發生期間「相關貼文」與「非相關貼文」熱度，可以發現人民日報、共青團中央、新華網、環球時報微博帳號的按讚數、轉發數、評論數平均值，「相關貼文」都遠高於「非相關貼文」，如表27、28。

除了涉及國族爭議的貼文熱度特別高，官方微博帳號貼文內容實際也影響了網友輿論內容。例如周子瑜事件發生初期，是由臺灣赴中國發展藝人黃安在二〇一六年一月八日微博發文號召抵制周子瑜：「一位叫周子瑜的臺灣女孩，去年她在韓國電視上揮『臺灣』國旗，我就曾發微博舉報她，她的『粉絲』代表給我一封私信解釋一切，希望我能手下留情。之後，臺灣電視台三立卻拼命地將她打造成『臺獨藝人』的驕傲，『為國爭光』。最近這個有一位臺獨、三位小日本的韓國組合將上安徽衛視春晚，反對的轉起來。」[17]

黃安的貼文成功動員中國網友抵制周子瑜，一月十三日周子瑜所屬女子團體 *Twice* 預定受邀參加安徽衛視春晚節目被單方面取消，隔日周子瑜在南韓代言的中國品牌華為手機廣告，華為則要求負責代銷的 LG 集團取消代言活動。[18] 事件愈演愈烈，以至於在一月十五日 **JYP** 娛樂上傳周子瑜道歉影片，希望緩解中

15／揚子晚報，2014 年 10 月 23 日。

16／白信，2016 年 8 月 4 日。

17／劉怡馨，2016 年 1 月 18 日。

18／梅衍儂，2016 年 1 月 13 日；聯合新聞網，2016 年 1 月 14 日。

表 27：臺灣藝人爭議事件的官方微博帳號「相關貼文」與「非相關貼文」

微博類別	貼文屬性	回饋類別	平均值
人民日報	相關貼文	按讚數	176,140
		轉發數	204,648
		評論數	30,491
	非相關貼文	按讚數	8,420
		轉發數	5,424
		評論數	1,733
共青團中央	相關貼文	按讚數	65,132
		轉發數	657,036
		評論數	18,176
	非相關貼文	按讚數	5,230
		轉發數	21,597
		評論數	1,183
環球時報	相關貼文	按讚數	8,277
		轉發數	3,964
		評論數	5,081
	非相關貼文	按讚數	1,357
		轉發數	501
		評論數	517

註 1：貼文蒐集時間範圍，為各藝人爭議事件發生後兩週。

表 28：香港藝人爭議事件的官方微博帳號「相關貼文」與「非相關貼文」

微博類別	貼文屬性	回饋類別	平均值
共青團中央	相關貼文	按讚數	3,824
		轉發數	40,935
		評論數	11,340
	非相關貼文	按讚數	243
		轉發數	612
		評論數	140
新華網	相關貼文	按讚數	3,329
		轉發數	4,512
		評論數	278
	非相關貼文	按讚數	66
		轉發數	54
		評論數	17
環球時報	相關貼文	按讚數	715
		轉發數	957
		評論數	1,047
	非相關貼文	按讚數	367
		轉發數	267
		評論數	185

註 1：貼文蒐集時間範圍，為各藝人爭議事件發生後兩週。

國網友怒氣，可見事件初期「周子瑜」作為抵制的主要目標與國族仇恨對象。

然而人民日報、共青團中央與環球時報微博陸續於一月十四日至十六日連續發文，定調周子瑜為事件受害者，並轉而劍指臺灣媒體為事件始作俑者、JYP娛樂為破壞中國形象的投機分子，獲得網友評論一致支持，因此國族仇恨對象便從周子瑜移轉至臺灣媒體與JYP娛樂，而周子瑜則被中國網民再現為「值得同情與必須保護的臺灣小女孩」。雖然官方微博帳號也將臺灣媒體定調為抵制對象，但無論中國政府或民眾都無法直接對其做出有效抵制，因此JYP成為民間國族仇恨的主要宣洩管道，所以在前文語料庫分析結果，「JYP」與「抵制」兩個關鍵詞共同出現的顯著性最高。

透過百度指數，分析關鍵詞「抵制JYP」，可以發現該關鍵詞指數在一月十二日以後開始上升，高峰點為一月十六日。百度指數分析反映了兩點意義，第一是「抵制JYP」關鍵詞在事件發生初期鮮少被提及，直到一月十二日以後，尤其是十四日至十六日之間最常被提及，正與官方微博帳號定調JYP為抵制對象的發文時間點重疊。第二是「抵制JYP」被百度指數收錄為關鍵詞，卻沒有收錄「抵制周子瑜」，導致研究者無法做兩者指數比較，反而彰顯出「抵制 JYP」一詞在當時的熱門程度與重要性，如圖10。

在何韻詩事件，共青團中央與環球時報微博發文直接點名蘭蔻與李施德霖任用港獨藝人，也同樣具有影響輿論的效果。中國網友將該品牌視為最終抵制對象，並進一步要求該品牌宣稱「香港臺灣是中國的」。

圖 10：「抵制 JYP」關鍵詞的百度搜尋指數

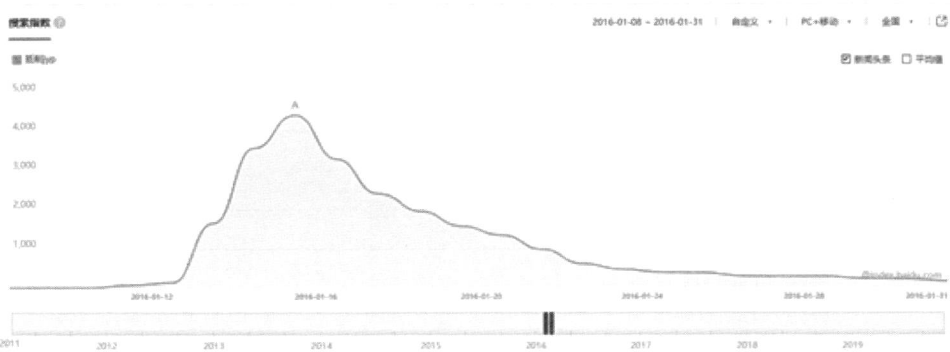

合理推測，官方微博帳號透過輿論操作，首先官方微博帳號具有緩衝閥的功能，試圖降低民間激進國族主義對無辜藝人的衝擊（周子瑜），合流於官方意志。第二，官方微博帳號將主要抵制對象定調為藝人背後的經濟來源，只有透過制裁經濟來源對象，才能進一步達到控制臺港藝人的言論內容，甚至對整個影視產業與代言廠商皆具有威嚇效果。

再者，實際在生產與消費過程的抵制方法，以《新華網》刊登的一篇題為〈「杜汶澤」們，休想吃我們的飯，還砸我們的鍋〉為例：「這一條滿滿正能量、讓親者快仇者痛的微博：短短一天時間，內地近10萬網民投票抵制挺『佔中』的香港藝人，要求在內地禁演、禁播、網上除名。」[19] 表示禁止、禁播以及下架藝人在網路上的作品等，是主要抵制手段。

除此之外，藝人的經紀公司與廣告代言商也時常連坐被一起抵制，意即連同在生產與消費端全面封殺藝人在中國演藝事業的發展空間。而網友抵制行動往往在事件初期達到顯著效果，例如同樣在消費端的廣告代言商，由於擔心品牌形象受損，應而取消藝人代言簽約，如華為要求 LG 取消周子瑜在韓國的 Y6

手機代言活動，以及蘭蔻的香港分公司取消何韻詩代言與演出的音樂會。

特別是生產過程的封殺，禁演、禁唱等同抹殺了藝人的職業生涯。例如安徽衛視取消周子瑜所屬女子團體 Twice 的春晚演出。[20]《沒有別的愛》執導趙薇宣布撤換男主角戴立忍。[21]電影《女友販賣機》女主角陳艾琳被換角，導演陳菱思更強調「我們絕不會尊重有分裂祖國，破壞領土完整思想立場的藝人，我想最好的方式就是堅決解除一切合作，並且永不錄用」。[22]林心如自製自演的劇集《我的男孩》在中國騰訊視頻播出兩集後，遭全面下架。[23]柯宇綸主演的電影《強尼・凱克》上映安排遭到擱置，國台辦甚至回應證實「不會允許持臺獨立場和具有臺獨言行的藝人參與的影片在大陸上映」。[24]盧凱彤原擬出席二〇一五年東

19／新華網，2014年10月22日。
20／梅衍儂，2016年1月13日。
21／羊城晚報，2016年7月17日。
22／蘋果日報，2016年10月24日。
23／蘋果日報，2018年1月7日。
24／中央社，2018年3月28日。

莞舉辦的南方草莓音樂會，在舉辦前一日被主辦單位取消資格。[25]

因此若非捨棄中國演藝事業另謀他路（如柯宇綸、杜汶澤、何韻詩），則如同多數藝人選擇趕緊「向中國道歉」，澄清自己並非臺獨或港獨分子，試圖重新獲得中國粉絲的認同。一連串的道歉風波也引來臺灣網民發起「向中國道歉大賽」，以嘲諷方式回應近期多起臺灣藝人向中國網民道歉的事件。[26]

透過文化迴圈的分析，官方政策與網民消費意志相互配合，並影響到影視產業生產流程，這層包圍網相當緊密，將具有政治認同異議傾向的臺港藝人排除在中國影視圈門外，並吸納有一致政治認同傾向（至少在公開場合的表達一致）的臺港演藝人員，加深臺港影視從業人員對中國經濟的依賴性，而藝人對自己言行的「自我審查」則是其演藝事業順利在中國紮根的首要條件。

然而，本研究也指出中國官方並非能夠完整掌握社群網路的輿論方向，國台辦特別針網友所舉報的周子瑜事件、林心如事件，澄清他們並非臺獨藝人，本身就具有被動性質。而戴立忍事件，更彰顯了民間國族主義激進性與不可控性。在事件過程，戴立忍成為配角，趙薇則成為眾矢之的，戴立忍事件不僅僅是臺獨事件，還被網友塑造為涉及民族存亡的國家問題，因為趙薇背後代表著反華勢力與西方資本主義試圖箝制中國社交媒體輿論，以圖顛覆中國。於行動政治目的、行動利益，都與中國官方的輿論操作較無關係。因此官方輿論引導不一定是主動的，正因為民間激進國族主義需要控制，所以才需要官方介入社群平台，適時的擔任民間激進愛國運動的緩衝閥，而新浪微博的功能即分擔民間激進國族主義對官方企圖緩解抵制運動過激的衝擊與負面形象。

回應過去文獻預測或主張中國官方介入網路社群輿論的控制，[27] 本研究認為官方與民間國族主義在社交媒體的再現，在運動模式與他者想像同時具有紛歧與重疊之處，官方並非能夠完全掌握輿論的轉轍器，而民間激進國族主義時常走在官方國族主義之前，需要透過官方帳號與社群平台經營者這兩條線來控

25／博聞社，2015年11月27日。

26／劉子維，2016年7月18日。

27／Qiu, 2006; Han, 2016; Wu, 2007; Jiang, 2012。

制自下而上的國族主義運動。再者，呼應《端傳媒》評論提及中國政府積極介入社群網站微博以操作愛國運動，並稱之為「官辦激進民族主義」。[28]本研究透過嚴謹的量化與質化方法驗證了官方微博帳號，諸如「共青團中央」、「人民日報」、「新華社」、「環球時報」的確具有操作輿論效果，特別是涉及國族主義的貼文備受網友關注。

第三節 小結

從本文第一節可見，中國政府透過訂定相關影視產業的片面優惠措施，成功吸引臺港相關從業人員進軍中國市場，特別是合拍片等同國產片的票房分成，鼓勵臺港投入臺／中、港／中合拍片製作，從生產與消費來看，合拍片在中國市場皆比純臺片、純港片更有優勢。然而，這背後也代表著中國政府欲將臺港影視產業吸納進中國影視產業圈，並加深臺港影視產業對中國市場的依賴，擠壓在地產業的生存空間。再者，由於中國市場的節目製作費用可觀，也吸引臺港藝人逐漸外移至中國發展，當臺港中出現政治爭端時，臺港藝人也更容易因受到市場套牢而必須遵守中國社會的言論尺度與粉絲的政治意向。

在這樣的背景下，中國政府試圖透過或明或暗的手段圍堵傾向支持臺獨與港獨的藝人，豎立「只有在承認中國的統治合法性之下，才能獲得優待與進入中國市場」的準則。明的透過官方公開聲明禁止臺港藝人到中國發展，暗的則是向國內影視產業暗示哪些違反官方意志的藝人必須列入封殺名單。更重要的是中國政府在圍堵臺獨與港獨藝人的操作過程中，官方社交媒體影響網路輿論風向，動員網友封殺藝人，並且鎖定其背後金援對象（經紀公司、導演、廣告代言主）進行連坐式的抵制，斬斷藝人一切發展的可能性。究其實，國族主義在塑造臺港影視產業的文化迴圈佔有重要的分量，本研究亦可稱其為「臺港影視產業的國族主義文化迴圈」更為貼近現實。

28／傑伊，2016年8月1日、楊山，2017年3月2日。

CHAPTER

07

結論

第一節 研究問題與討論

本文研究結果回應研究問題，首先在研究問題一：中國官方媒體偏好使用哪些詞彙報導臺港藝人認同爭議事件？報導內容呈現何種「臺獨」與「港獨」定義？

在臺灣藝人認同爭議事件中，官方媒體報導偏向使用「臺獨」、「兩岸關係」、「政治人物」等詞彙，並以國台辦發言為主要消息來源。新聞內容再現了典型的統一與獨立二元論述，意即「九二共識＝同屬一中＝反對臺獨」vs.「臺灣是國家＝支持臺獨」，將事件定調為國族認同爭議。除此之外，以國台辦發言為主的報導內容還呈現兩點特徵，第一是網友所舉報的臺獨藝人並非都受到官方肯認，諸如周子瑜、戴立忍、宋芸樺、林心如、金馬獎，國台辦還特別替周子瑜、林心如與金馬獎闢謠，避免外界過度詮釋。第二是這類報導內容大量使用指向我群象徵的集體用詞「我們」、「一個」、「同胞」、「共同」，營造兩岸一家親的意象，試圖建構臺灣與中國為生命共同體。

然而在香港藝人認同爭議事件中，官方媒體則出現「去政治化」論述，除了報導絕口不提「港獨」一詞，消息來源也沒有官方意見參與其中。官方媒體將事件定調為國內政治事件，並單純化為由「佔中」運動所導致的破壞法治爭議。因此事件在官方媒體的再現則沒有涉及國族認同問題，在集體用詞的再現也沒有刻意地建構港中共同體，並且以「內地」區別他者「香港」，並在論述中反映了兩地不對等的經濟依賴關係。

研究問題二：中國官方社交媒體帳號的網友評論偏好使用哪些詞彙討論臺港藝人認同爭議事件？評論內容呈現何種「臺獨」與「港獨」想像？

以官方微博帳號的網友評論為例，在臺灣藝人認同爭議事件，網友同樣以國族認同問題看待，在指認他者對象則擴展為整個臺灣社會，並傾向建構仇視的他者形象，呼籲透過抵制、封殺等較為激烈的手段強迫臺灣人接受一個中國政治體制。在香港藝人爭議事件中，官方微博帳號的網友評論內容出現「港獨」

關鍵詞，意味網友將事件視為國族認同議題，而非侷限於佔中事件本身的討論。與臺灣藝人認同爭議事件相同，網友評論同樣以抵制與封殺回應事件。

研究問題三：當事人藝人社交媒體帳號的網友評論偏好使用哪些詞彙討論臺港藝人認同爭議事件？評論內容呈現何種「臺獨」與「港獨」想像？

與官方媒體、官方微博帳號的評論一致，在臺灣藝人認同爭議事件中，藝人微博帳號評論將事件再現為臺獨認同爭議；而香港藝人認同爭議事件中，「港獨」則成為政治相關最頻繁出現的詞彙。相同的是藝人微博帳號評論在討論臺港多以正面情緒表達詞居多，而臺灣藝人微博帳號評論還出現替藝人辯護的關鍵詞「造謠」、「愛國」、「澄清」，這表示藝人微博帳號網友相比官方微博帳號網友來說言論較為緩和，並同情藝人遭遇。這個現象容易理解，因為會關注藝人微博帳號並留言評論的網友本身很可能就是該藝人粉絲，因而也更容易諒解偶像一時失言。

研究問題四：事件背後反映了中國國族主義在網路建構具有何種特徵？尤

其是中國官方社交媒體帳號的貼文與網友評論具有何種互動特徵？

本研究特別聚焦於官方微博帳號貼文與網友評論的互動，有三個特徵：第一是官方微博帳號貼文在事件發酵過程具有影響輿論的效果，在建構他者過程定錨於抵制藝人背後的經濟來源（「JYP」、「趙薇」、「李施德霖」、「蘭蔻」），特別是官方微博帳號與國台辦的觀點一致，將周子瑜定調為事件受害者，而始作俑者為臺灣政治勢力（綠營媒體）。除此之外，透過語料庫分析也可以發現諸如「共青團中央微博」貼文出現被網友多次轉引的跡象。第二是新浪微博做為網友激進愛國主義的緩衝閥，在第一線過濾網友留言，在受到批評的同時，網友則轉而視官方微博帳號貼文聲明為抵制運動的精神象徵，官方微博帳號成功豎立良好的愛國形象。第三是，戴立忍事件彰顯出民間國族主義溢出官方國族主義的控制，除了臺獨，他者還包過了趙薇背後代表的漢奸、西方勢力、反華勢力與資本主義，因而戴立忍事件不僅僅是國族認同問題，它被假想為民族存亡的問題。

研究問題五：試圖往中國發展的臺港藝人其所處影視產業的消費、生產與規範樣貌為何？

簡而言之，中國政府透過訂定規範，左手捧著一串政策獎勵葡萄，吸引臺港影視從業人員到中國市場發展，並漸漸加深臺港影視產業對中國市場的依賴；右手握著一把政策制裁槌子，槌子的一頭是官方公開聲明禁止臺港藝人到中國發展，另一頭則是向國內影視產業暗示哪些違反官方意志的藝人列入封殺名單。更重要的是中國政府在圍堵臺獨與港獨藝人的操作過程中，官方社交媒體影響網路輿論，動員網友封殺藝人，並也針對其背後金援對象（經紀公司、導演、廣告代言主）進行抵制。究其實，國族主義在塑造臺港影視產業的文化迴圈佔有重要的分量，本研究亦可稱其為「臺港影視產業的國族主義文化迴圈」更為貼近現實。

以下就幾項重要研究發現進行討論：

一、臺獨與中華民國想像的接合

在七個由中國網友舉報所引起的臺灣藝人爭議事件，中國官方僅針對陳艾琳事件、柯宇綸事件定調為臺獨藝人案例，顯然官方與民間國族主義對於臺獨定義產生明顯紛歧。首先在實際辨別臺獨分子與處理方式，中國官方是依據一個人過去的言行來判定臺獨傾向程度，給予悔過機會再次投入中國懷抱；然而中國網友則對於藝人過去言論紀錄做全盤審查，並透過社交媒體留言謾罵、發動群體抵制與封殺的行動達到抗議目的，正如汪宏倫提出一九九〇年代中國國族主義具有情緒激烈的特徵，[1]而社群網路則提供了民間國族主義凝聚與宣洩的管道。

在抽象概念，若官方國族主義界定臺獨是依據「反對九二共識、支持臺獨」的原則；民間國族主義則認為所謂的臺獨還包含「揮舞中華民國國旗、參與太

1／汪宏倫，2016。

陽花運動、接受臺灣官方補助」等行為。這背後反映了過去九二共識帶給兩岸的模糊空間「一個中國，各自表述」已漸漸不被中國民間所容忍，研究者認為「中華民國＝臺獨」的定義更能夠詮釋中國民間國族主義的特徵。

然而，在討論中國官方與民間對於臺獨想像的差異與變化時，從中國角度來看所謂的「臺灣問題」對臺獨想像的形塑也可能需納入考量。舉例來說，中國民間對於臺獨的定義，似乎呼應了臺灣近年來出現的「華獨」這一流行詞。該詞是由臺灣本土獨派人士蔡丁貴在二〇一五年提出，用來批評民進黨傾向維持現狀，沒有往臺灣獨立建國進取。華獨跟臺獨的差異在於，雖然兩者都追求獨立於中國政權，但「華獨承認中華民國政權與中華民國憲法」，臺獨則主張廢除中華民國憲法，追求臺灣民族自我解放。[2]其後對於何謂「華獨」，開始受到更多人的討論、補充與糾正，例如南嘉生認為華獨與臺獨的差別是，臺獨是獨立做人，華獨是母體連著臍帶的人；[3]傅雲欽將華獨更細緻的區分成三派，包含苟安的華獨派（假獨派，沒有理想，只想維持中華民國現狀）、投機的華獨派（追求國家正常化，國號沿用中華民國）、誠實的華獨派（追求以中華民國為名的法理獨立，也就是兩個中國，即法理華獨）。[4]鄭思捷則認為真正的華獨如雷震，在一九六〇年代要求蔣中正政權放棄「反攻大陸、消滅共匪」的國策，尋求在臺灣建立一個新的國家，而李登輝的「兩國論」、陳水扁的「一邊一國」，到蔡英文的「臺灣就是中華民國、維持現狀」都僅只是「似華獨」。[5]

何謂「華獨」一時之間眾說紛紜，不過殊途同歸的是華獨即承認中華民國政權這個基本原則。蔡丁貴對於民進黨的批評，更重要的是反映了「中華民國＝臺灣」成為多數臺灣民眾的共識，因此民進黨政府在選票壓力，不得不從堅持臺獨改為鼓吹「臺灣就是中華民國」。總而言之，從中國民間對臺獨定義的緊縮，以及臺灣社會開始出現華獨一詞的背景，都共同彰顯了「臺灣即中華民國」漸漸受到兩岸社會認識，因此也就無法容忍「中華民國」存有灰色地帶，儘管

2／鄒麗泳，2016年2月27日。
3／南嘉生，2016年1月20日。
4／傅雲欽，2015年8月17日。
5／鄭思捷，2015年10月29日。

中國官方與臺灣國民黨檯面上仍圍繞在「九二共識」打轉。

再者，中國官方對於臺獨事件的定調，往往出於政治目的考量，從集體用詞的分析結果便能夠見到官方刻意拉近與臺灣民眾的關係。二〇一九年一月二日習近平針對「告台灣同胞書」四十週年發表談話，定調九二共識內涵為「海峽兩岸同屬一個中國，共同努力謀求國家統一」，並提出「和平統一、一國兩制」基本方針，[6]則進一步代表中國官方拋棄與國民黨長期「一中各表」的默契，並向臺灣民眾宣示只有「一國兩制，沒有一中各表」的決心。發展至此，檯面上由中國官方認定的九二共識內涵也更接近於否定中華民國的存在，合流於中國民間國族主義對臺獨的想像。

在二〇一九年金馬獎的前夕，中國國家電影局於二〇一九年八月七日突然宣布暫停中國影片和人員參加金馬影展。[7]就暫停原因，國台辦承認與民進黨相關，並說明「台灣現在照這種政治情形、政治生態，會帶來很多問題」。[8]由於正逢臺灣總統選舉前夕，中國官方宣布暫停的不僅是參與金馬獎活動，還包括同年八月一日取消中國遊客自由行來台簽證，以及各省舉辦的兩岸書畫展、考察團等紛紛停擺。[9]中國官方選擇在二〇一八年金馬獎事件相隔九個月餘，從原本澄清封殺金馬獎是假新聞，轉變為宣布暫停中國電影與相關演藝人員參與，顯然具有其政治目的，試圖影響二〇二〇年臺灣總統選舉，而與金馬獎事件本身是否涉及臺獨則是次要問題。

因此在中國官方與民間對臺獨的想像是流動性的，無論是官方出於政治考量抑或是民間面對華獨的出現，可以預見的是「中華民國即臺灣」的認知共同浮現於兩岸官方與社會，而華獨或臺獨都是獨的情形使得兩岸政治認同模糊空間縮小，將可能使得彼此官方與民間交流更形緊張。

6／經濟日報，2019年1月2日。
7／Huang，2019年8月7日。
8／楊昇儒，2019年9月20日。
9／周毓翔，2019年8月28日；洪肇君、陳君碩，2019年8月8日。

二、官方論述再現的港獨缺席與殖民關係

香港藝人認同爭議事件中，「港獨」想像在官方新聞被消失，卻在官方微博帳號評論與藝人微博帳號評論中出現，對中國網友而言，支持雨傘運動等同支持香港獨立。在解釋為何兩造之間對港獨的想像產生分歧，本研究認為從理解「港獨」一詞與「港獨運動」的來龍去脈作為切入點，或許能夠解釋一部分的原因。

雖然香港國族認同是近幾年隨著香港社會爭取真普選運動，開始受到關注與討論，但是更早以前已經有一部分人士開始推動港獨、建構港獨的內涵。由中國新聞社出版的《中國新聞網》在二〇〇五年一篇報導〈「港獨」暗流洶湧網際 與各路分裂勢力關係密切〉，揭露在網路出現鼓吹港獨的網站「我是香港人連線」，該網站從法理論述香港人為何獨立。[10]報導凸顯兩個意義，一是港獨運動比香港社會爭取普選、雨傘運動都還要早出現；二是該篇來自中國官方媒體的報導，證明了官方對港獨的認識是相當早的。吳明剛指出：「新中國『暫時不動』港澳，不是無原則和無條件的。也就是說，在資本主義統治下的港澳，

只能作為經濟城市存在和發展，而不能成為西方的『反共基地』和『和平演變』的前進基地。對這一點新中國是始終保持高度警覺的。並為此進行長期不懈的堅決鬥爭。這也就是香港的『港獨』和澳門的『澳獨』勢力從來不成氣候的主要因素之一。」[11]中國政府對港獨行動長期保持高度重視，並早一步擬定預防措施。甚至有論者認為「港獨論」的出現是由中國官方主導，用以打擊香港民主派，然而港獨一詞的出現反而促成香港民眾開始想像港獨的可能性。[12]

「我是香港人連線」網站成立於二〇〇四年十一月一日，其鼓吹港獨的其中一個理由是：「只有通過獨立建國，才可以停止被中共奴化，才可以實現自主，才可以保障香港與中國這兩個不同的政治實體並存，才可以確保香港的繁榮和穩

10／呂振亞，2005年2月6日。
11／吳明剛，1999，頁29。
12／林泉忠，2004年11月22日。
13／我是香港人連線，2004年12月2日。
14／我是香港人連線，2005年7月1日。
15／我是香港人連線，2005年9月15日。

定。」[13]可知該網站追求香港獨立的主要因素是不滿意中國政府治理香港的表現。類似的觀點包括該網站以〈特首選舉不合法不民主〉為題，認為香港特首選舉等同是由北京政權欽點人選；[14]以〈中國遊客影衰晒香港同埋迪士尼樂園〉為題，報導中國遊客光著腳丫、躺下、吸菸、隨處便溺的不雅舉止；[15]以〈七成香港人認為：10年來生活素質毫無改善〉為題，報導香港在回歸中國十週年，生活素質不僅沒有明顯改善，更多的香港民眾認為變差了。[16]間接說明在香港主權轉移給中國政府以後，兩地文化素質的衝擊、中國政府極權的措施，以及香港經濟水準停滯，成為追求港獨的主要論據，正如陳冠中所言：「影響香港人、香港身分認同、香港主體性成形的最重要決定因素（雖然不是唯一因素），就是中國共產黨的執政和表現。」[17]

在這一時期雖然不乏討論香港主體意識的著作，如陳雲二〇一一年出版的《香港城邦論》、陳冠中二〇一二年出版的《中國天朝主義與香港》，但出現成熟且具有系統性的港獨論述，則到二〇一四年九月由香港大學學生會出版的《香港民族論》，從遠因至近因論述香港國族主義的形成。遠因如港英殖民政府一百五十餘年相對穩定的疆界與統治過程；香港社會獨立的法律、官僚、貨幣、護照、郵政系統等；以及十九世紀華人勞動階級在香港社會紮根，都促成國家的想像；而近因則是香港回歸後的港中矛盾。[18]《香港民族論》的出版也呼應了同年爆發的雨傘運動，標誌香港社會爭取真普選運動與香港國族主義的出現是緊密相連。值得一提，香港前特首梁振英在二〇一五年的施政報告，點名批判學苑出版的《香港民族論》為港獨刊物，被認為是「港獨」一詞在主流媒體大幅報導的開端。而《立場新聞》也分析香港報刊報導與評論出現「港獨」一詞的頻率，發現梁振英上任以後呈現大幅度的增加，[19]因而梁被網友戲稱為「港獨之父」。

本文說明港獨脈絡的目的，主要點出中國官方與民間對港獨想像的差異，其原因並不只是港獨的出現是晚近現象。研究者認為，正因為港獨的出現主要因素是香港民眾對官方施政的不信任與不滿意，若執政者「承認」港獨的存在，

16／明報，2007年1月3日。
17／陳冠中，2012，頁8。
18／吳叡人，2015；徐承恩，2015。
19／立場新聞，2016年3月23日。

等同是承認官方治理香港的失敗。再者，「港獨」的爭議與國內疆獨、藏獨問題性質不一樣，尤其忌憚國際輿論，因此官方在處理港獨問題時較無法直接透過武力解決，因此若能將抗爭運動限縮在「國內政治事件」則更利於官方處理，但也反映出官方在面對正在浮現的港獨問題手足無措。

另一值得注意的是，縱然有許多中國學者，將中國大一統的天下觀形容為有別於西方國族主義，是一種「世界一家」的，以禮儀治天下的理念。[20]然而從本文第五章探究中國官方與網友對待香港藝人的態度，顯然更似於宗主國與殖民地的主僕關係，是一種夾帶歧視性的、上對下的關係，其實際情形更像是葛兆光所言，中國傳統的天下觀其實具有「內」與「外」、「華」與「夷」、「尊」與「卑」的高低之分。[21]因此陳冠中、梁治平、葛兆光皆指出天下觀只是被中國官方用以支持統治合法性的論述。[22]本研究發現中國社會對臺獨與港獨的極力排斥，反而更凸顯出國族主義優先於普世主義的現實情形。

再者，將中國與香港視為宗主國與殖民地的關係，過去文獻已多有著墨。[23]例如吳叡人描述中國政府透過各種殖民政策統治香港，其中包括創造在地的殖民協力者做為間接統治工具；類似殖民主義中的移住型殖民地（settlement colony），鼓勵中國內地民眾移居香港，同化在地香港居民；以及收編香港資本階級、箝制新聞自由、透過教育灌輸意識形態等，使香港喪失在政治、社會、經濟與文化的自主性與獨特性。[24]曹曉諾則是觀察中國政府如何收編香港影視產業，培養親中媒體與香港歌手，向香港輸出中國內地文化，施行文化殖民。[25]

追根究柢，正是因為一九九七年香港回歸是在沒有香港人參與的安排之下，由英國與中國逕自決定，因而是「被動的回歸」。再加上中華人民共和國接收香港以後，展開一系列再殖民化政策，試圖重新塑造香港人的文化認同，學習

20／甘陽，2014；姚中秋，2012；強世功，2010；張維為，2014；趙汀陽，2005、2011、2015。

21／葛兆光，2015。

22／陳冠中，2012；梁治平，2018；葛兆光，2015。

23／王俊杰，2015；吳叡人，2015；徐承恩，2015；曹曉諾，2015；羅永生，2014。

24／吳叡人，2015，頁82。

25／曹曉諾，2015。

26／羅永生，2014

做「愛國愛港」的「中國人」。[26]新的國族框架彰顯的是另一套殖民宰制關係，與香港人的本地經驗產生衝突，香港回歸歷程猶如二戰以後中華民國接收臺灣的歷史，在否定日本在臺的殖民經驗與文化的同時，強加新的中國國族教育，引發在地民眾的反抗，將新的政權視為新的殖民者而非解救者。

香港對中國經濟依賴的加深，使原本在政策上的殖民主義，延伸到中國內地社會如何看待香港的殖民者心態。香港影視產業的邊緣化與香港藝人北進發展，助長中國內地的恩主公心態，而兩地不平等的交流便與其他反殖民運動發展歷程相似，易於催化香港社會內部的主體認同與反抗意識。

三、官辦激進民族主義

本研究從規範、生產、消費、再現到認同，演譯中國政府圍堵臺獨與港獨藝人的操作過程，形成一道包圍網封殺臺獨與港獨藝人在中國發展的一切機會，尤其是官方微博帳號在形成網路抵制運動的影響力。《端傳媒》記者楊山提出的「官辦激進民族主義」，指出激進國族主義由黨政軍網路機構直接宣傳，更為貼進當代中國網路國族主義的特徵。[27]本研究將此概念加以延伸，從實證研究發現中國網路國族主義，彰顯了當代中國國族主義所具有情緒激烈與鬥爭框架的「激進」特質，[28]而看似民間國族主義卻與官方操作密切相關，[29]因此同時具有「官辦」特質。再加上這類抵制案例多數也指向當事人背後的經濟來源，切斷其在中國發展的生存空間，與過去胡亂打砸的抵制運動相比更具有目的性與效果。特別是隨著網際網路成為國族主義傳播的主要媒介時，官方也透過間接干預（管理平台業者）與直接干預（創辦官方網頁、官方微博帳號）影響民間國族主義型塑並動員群眾。[30]

然而，由於中國網路國族主義具有激進的本質，因此在網路抵制運動的發

27／楊山，2017年3月2日。
28／汪宏倫，2016。
29／鄭永年，2001。
30／Qiu, 2001; Han, 2016; Wu, 2007; Jiang, 2012。
31／三三，2016年7月25日。

展仍有不可控因素，例如在趙薇連同新浪微博成為戴立忍事件網友抵制對象，一方面可能純粹來自民間激進的愛國主義，另一方面則來自官方組織對愛國運動路線的分歧。在《端傳媒》報導中，趙薇受到抵制被歸咎為中央共青團中央微博帳號策劃，相反的人民日報與環球時報微博帳號則相對冷淡，甚至批評抵制者為狹隘國族主義情緒，可見共青團中央微博帳號在愛國主義更為激進煽情。[31]

再者，若一九九〇年代在傳統主流媒體的激進國族主義論述是建構「美國傳媒妖魔化中國」的想像，[32]則社交媒體中以戴立忍事件為例的網友評論則彰顯「以美國為首的資本主義控制中國網路輿論」的新論述特徵。無獨有偶，同樣論述特徵也出現在另一個社交媒體豆瓣，深具愛國主義的網友將傾向批評政府的網友稱為「恨國黨」、「恨八千」，該詞來源於網路謠言，相傳受到西方勢力雇用的網軍每個月會收到工資八千元人民幣。[33]然而豆瓣中規模最大的愛國主義群組「豆瓣鵝組」（六十多萬組員），卻在二〇一九年六四周年前夕被整組禁言一個月，這彰顯來自民間愛國主義的輿論並非完全能夠由官方左右，仍須藉由刪文、禁言控制在一定程度的發展範圍。

四、網路國族主義的幾個研究視角

新浪微博自二〇〇九年八月誕生，在之後的十年間迅速發展，成為世界最大的社交平台之一，並於二〇一九年第一季的月活躍用戶成長達到4.65億。[34]同一時間，微博也成為網路國族主義對話、發酵與建構的重要平台，這彰顯出當代國族主義與數位資本主義擴張具有緊密關係。劉海龍便強調網路科技在建構國族主義並非單純作為中介角色，網際網路本身便形塑了新的國族主義特徵，並隨著全球消費文化擴展開來。他在比較早期網路國族主義與新網路國族主義的時候，精闢指出「早期網絡民族主義的議題基本來自現實政治事件或大眾媒體，而新網絡民族主義運動常常起源於網絡自下而上的議題設置」。[35]該觀點亦適用於比較傳統媒體（報刊、廣播、電視）與數位媒體的差異。透過研究臺港

32／黃煜、李金銓，2003。

33／黃玲愷，2019年10月21日。

34／譚有勝，2019年5月24日。

35／劉海龍，2019年8月19日。

藝人認同爭議事件在微博平台的再現，本研究提出以下幾個網路國族主義的研究視角。

首先是（1）溝通模式的多樣性，有別於傳統媒體相對固定且單一的溝通模式，數位媒體尤其是一九八〇年代迅速擴張的網際網路所創造的溝通模式，直至今日仍然不斷經歷改變與進化，因此它在建構國族認同的效果上蘊含著無限可能性。在十年多前便有研究者概述聊天室、電子信箱、部落格、網站、論壇等平台各有不同的媒介特徵，並成為特定團體凝聚國族認同的工具。[36] 然而以聊天室為例，現今溝通技術並非僅有使用者的頭貼以及文字來回對話，還能使用麥克風聊天並播放直播。學者 Schneider 在研究中國網路國族主義便提到設計選擇（design choices）也影響認同建構的過程。[37]

以中國民眾最常使用的社交媒體微博與微信為例，兩者在溝通技術便有相當的差異，微博功能近似臉書平台，是以點對面的傳播節點，用戶通過點擊「關注」而成為對方的粉絲，因此獲得關注量多的少數意見領袖帳號便具有影響公眾輿論的力量。就如同本研究分析對象人民日報、共青團中央、新華網與環球時報微博帳號，在貼文的按讚數、轉發數、評論數，特別是國族議題的貼文具有代表性。

而微信功能則近似Line平台，以點對點的傳播方式，訊息的傳播限於朋友之間，因此具有強連結的關係，因此微信在中國社會反而成為少數民族凝聚認同的重要工具。[38]以彝族為例，在擔憂族群文化受到漢化而消逝的情形下，族人創立了以家族名稱「阿乎老木」為名的微信群，與微博的溝通模式不同，他們主要透過文字與語音溝通，尤其在聽覺上充滿人情味的語音符號強化了彼此社會聯繫。也由於可以在微信群中能夠更改自己的名字設定，他們以「彝族名字＋輩分＋居住地」的方式自我命名，在民族身分（彝族名字）、家族血緣（輩分）以及根源（居住地）中確立彝族身分認同。[39]

36／Eriksen, 2007。
37／Schneider, 2019。
38／張春貴，2014年6月17日。
39／張媛、文霄，2018。
40／胡詩然、張志安，2009。

由平台功能差異所造成的溝通模式差異影響溝通習慣，皆造就認同建構過程的多元化；再者如同經過客製化的溝通媒介，國族／族群可以從眾多社交平台裡選擇自己最適合的溝通模式進行交流。但另一方面，官方亦看準了上述趨勢，除了在微博建立官方帳號，也在微信建立公眾號以宣傳官方國族主義。[40]無論如何，數位媒體溝通技術所造就溝通模式的多樣性的確為國族認同的建構帶來更多的可能性與新的內涵。

其次也因為社交媒體成為官方與民間形塑認同的場域，因此對（2）國族建構與想像的過程呈現多義性，尤其是社交平台的 UGC 模式（User Generated Content），使過去由少數人掌握的話語權開放給更為多數的人參與國族建構的書寫過程。以臺港藝人認同爭議為例，中國網路國族主義出現「流動化的他者建構」，並使得國族的內涵更形複雜。在微博平台所再現的他者想像便包含了臺獨分子、港獨分子、臺灣人、香港人、漢奸、西方國家以及資本主義，而網友之間對特定的他者對象也有不同的重視程度與論述內涵。但是這種多義性在中國網路國族主義的展現仍具有其侷限，簡而言之，無論是官方微博帳號之間的論述差異，或者是商業媒體販賣激進愛國主義取得利潤，都必須在符合「愛國主義」框架下的國族主義進行論述。

最後是網際網路促成（3）跨國／跨境論述對話的可能性，相對過去國族建構過程侷限於單一群體內部的對話激盪，現在則因為網際網路使得其他群體的論述跨越疆界參與彼此的國族認同建構，特別是兩地民間國族論述的交流或交鋒。在臺灣藝人認同爭議事件中，微博評論再現了「臺獨與中華民國想像的接合」，並非僅止於中國網友的想像，該論述還呼應了臺灣近幾年「華獨」一詞的流行，以及「中華民國是臺灣」的論述逐漸被臺灣主流社會肯認的趨勢。被中國網友舉報的藝人或因為「揮舞中華民國國旗」、或因為「接受臺灣文化部的補助」等，也同樣刺激臺灣社會對「臺獨」的重新定義，過去認為支持臺

41／Eriksen, 2007; Koukoutsaki-Monnie, 2012; Kania-Lundholm & Lindgren, 2015。

獨是建立新國家、新國號、新旗幟，今日支持臺獨對部分人士而言則更接近於維持中華民國主權的獨立性。

過去文獻提到離散國族主義透過網路來凝聚認同感，因此國族認同的維繫不再受到地域限制。[41]然而透過臺港藝人認同爭議事件，也須重新思考網際網路在跨地域強化單一國族認同之外，也可能加深兩造國族仇恨和你我之辨，而那些被指控為分離主義的群體或趁著這股敵對論述形塑更為具體的我群抗爭論述。在臺港中的社會局勢，網路媒體的跨域傳播與論述交流，更凸顯了該現象。因此網際網路除了作為離散國族主義凝聚的工具，本研究認為網際網路促成的跨國／跨境的論述對話也可能弱化單一國家內部的國族凝聚力，加深彼此對立。以中國官方報導與網友評論為例，其論述內容所透露的你（內地）我（香港）之辨，以及經濟殖民關係的地位高（內地）低（香港），論述效果很可能強化香港社會的主體認同，而不利於建構香港人同為「中國人」的身分認同。

第二節　研究建議與限制

最近一次的香港大學民意研究調查結果（二〇一九年六月十七日至六月二十日），香港市民對於「認同自己是香港人」的比例創下一九九七年執行民調以來的新高點 52.9%，比去年十二月調查高了 12.9%；相反的「認同自己是中國人」的比例則同時創下新低點 10.8%，相比去年十二月調查低了 4.3%。[42] 民意調查結果凸顯二〇一九年三月以來的反送中運動強化了香港人主體認同並區別中國身分認同。對於反送中運動期間香港社會認同的轉變，限於時間，沒有納進本文的觀察範圍，這是本研究的限制之一，筆者相信反送中運動對香港以至於對中國社會都產生不同的國族認同意涵。

42／香港大學民意網站，無年代。

第二個研究限制在於資料蒐集過程，微博管理員會過濾敏感留言，在周子瑜事件與戴立忍事件中，皆有網友反映留言被微博管理員移除，因而可能影響到網友認同再現。除此，藝人微博帳號如陳艾琳、柯宇綸、何韻詩在事件發生後暫停更新或關閉個人微博，也影響到資料呈現的全貌。

在未來研究方向建議，本研究雖然聚焦於中國網路國族主義對臺獨與港獨的想像，但在官方輿論動員與操作模式的發現能夠推及至其他認同爭議案例。以二〇一六年南韓部署薩德飛彈事件為例，中國政府祭出「限韓令」制裁南韓接受美國部署飛彈，包括禁止韓流團體在中國境內演出、禁止新的韓國演藝經紀公司進行投資、禁止與韓國電視劇及綜藝節目簽約等。[43]而流行文化與個人的消費產品，也易於受到民間抵制運動影響，《環球時報》即點名抵制南韓樂天集團（因為樂天集團答應政府土地交換要求，用以部署飛彈），並呼籲民眾不買韓國汽車、不購置韓國手機，不到韓國旅遊。[44]近期因臺灣遊戲《還願》內容涉及侮辱中國領導人物習近平事件的後續餘波，導致遊戲的中國地區發行商上海橘喵（Indievent）被上海官方吊銷營業執照，也反映出經濟制裁對象的溢散。[45]臺港中影視產業的國族文化迴圈樣貌是否同樣出現於其他產業呢？有何異同？值得進一步探討。

另一方面由官方主導的經濟抵制運動也有失靈的時候。例如二〇一九年十月四日，美國NBA休士頓火箭隊總管莫雷在推特發表挺香港，引來中國網友群情激憤，甚至中國外交部發言人耿爽針對事件嚴厲指出「跟中方展開交流與合作，卻不了解中國的民意，這是行不通的」。[46] 然而在十月十日NBA在上海舉辦的球賽卻是高朋滿座，被網友形容為「外交部被民意打臉了」，十一日中國外交部轉而放低姿態回應：「我們會一如既往秉持開放包容的心態，在相互尊重、平等相待、互利共贏的基礎上，同國際社會積極互動，繼續歡迎外國機構和人士

43／陳蒿堯，2017。
44／環球時報，2017年2月27日。
45／網路溫度計，2019年7月2日。
46／中華人民共和國外交部，2018年10月8日。

47／劉亭，2019年10月12日；中華人民共和國外交部，2018年10月11日。
48／周家豪，2019年10月15日。

來華開展交流合作。」[47] 中國騰訊也在十月八日宣布暫停 NBA 轉播後，相隔不到一週恢復轉播。[48]

NBA 的例子彰顯了當愛國運動碰到大眾文化消費時，前者可能被民眾與企業拋諸腦後，特別 NBA 涉及了本地與跨國資本的結合。中國騰訊於二〇一五年花費五億美元取得 NBA 賽事中國地區的獨家線上轉播權，二〇一九年七月甚至以打破中國體育版權紀錄的十五億美元將合約延長至二〇二五年，因此禁止 NBA 等同嚴重損及國內企業的利益。[49] 愛國運動、文化消費與資本主義的相互影響，透過 NBA 的例子是值得進一步探究的。

在研究方法的建議，相對於過去文獻認為語料庫提供的詞頻分析、關鍵詞索引、搭配詞分析、顯著詞分析足夠提供研究鉅量資料完整的全觀與微觀分析，達到量化與質量方法結合的效果，[50] 然而從本文第五章的研究發現則彰顯，當研究者在還原關鍵詞的因果脈絡時，仍需透過論述分析以精準詮釋，尤其在複雜的議題。在本研究案例中，國台辦如何討論臺港藝人認同爭議事件？官方新聞、官方微博帳號與藝人微博帳號評論的集體用詞使用脈絡為何？「趙薇」、

「JYP」、「新浪」、「渣浪」、「蘭蔻」、「李施得霖」這些非台籍、港籍藝人的演員與機構為何成為重要關鍵詞，其意義為何？以至於臺獨與港獨定義的整理與討論，皆透露了語料庫分析的侷限。

因此本研究認為語料庫分析僅為本研究的第一個步驟，建議若研究者行有餘力，在第二步驟「關鍵詞索引驅動的論述分析」，透過篩選出具有意義的關鍵詞組，深入分析關鍵詞位置的文本內容。其功能之一，透過語料庫分析與論述分析交叉對照關鍵詞使用趨勢與文本內容脈絡，能夠相互驗證研究結果是否具有信度與效度，一方面避免對關鍵詞使用趨勢過度地詮釋，一方面則提供文本論述分析信度的基礎。其功能之二，也因為具有特定關鍵詞的文本內容很可

49／陳建鈞，2019年10月14日。
50／李美賢、闕河嘉，2018；郭文平，2015；闕河嘉、陳光華，2016。

能富含更多的分析價值，而非僅只有關鍵詞本身呈現的意義（讀者可以比較本文第四章與第五章的研究發現便能夠明白其中差異）。接著當我們分析出鉅量資料的論述特徵時，則在第三步驟，將論述特徵與時代背景連結詮釋，將論述擺回現實社會環境，與社會對話，更能夠彰顯研究價值與社會意義。

謝辭

本書改編自筆者博士學位論文，撰寫過程得利於指導教授劉昌德博士以及論文口試委員的指點，使研究臻於完善。另外，在研究方法與研究架構的設計，來自筆者參與國立政治大學水火計畫讀書會過程的啟發。藉著一八四一出版社邀請的機緣，以及編輯團隊協助，使原學位論文順利修改成專書出版，在此一併致謝。

楊鎵民

2023年7月27日

參考文獻

- 〈2019年10月8日外交部發言人耿爽主持例行記者會〉（2019年10月8日）。取自中華人民共和國外交部網站 https://www.fmprc.gov.cn/web/fyrbt_673021/t1706148.shtml
- 〈2019年10月11日外交部發言人耿爽主持例行記者會〉（2019年10月11日）。取自中華人民共和國外交部網站 https://www.fmprc.gov.cn/web/fyrbt_673021/jzhsl_673025/t1707146.shtml
- 〈S.H.E否認說「不是中國人」〉（2005年4月22日）。《蘋果日報》，取自 https://tw.entertainment.appledaily.com/daily/20050422/1727205/
- 〈七成香港人認為：10年來生活素質毫無改善〉（2007年1月3日）。《明報》，取自 http://www.hkfront.org/
- 〈又起風波！《還願》代理商遭吊銷營業執…原因被酸爆〉（2019年7月2日），《網路溫度計》。取自 https://dailyview.tw/Popular/Detail/5440
- 〈大陸網友抵制名模家深綠〉（2005年8月10日）。《蘋果日報》，取自 https://tw.entertainment.appledaily.com/daily/20050810/1965900/
- 〈大陸明年開始封殺金馬獎？國台辦：赤裸裸的假新聞〉（2018年11月28日）。《人民網》，取自 http://tw.people.com.cn/n1/2018/1128/c14657-30430284.html
- 〈中方拒參加金馬獎 國台辦：台獨勢力難辭其咎〉（2019年9月11日）。《中央通訊社》，取自 https://www.cna.com.tw/news/acn/201909110098.aspx

- 〈中國政治施壓換角 戴立忍首發聲：我從來不是台獨份子〉（2016年7月15日a）。《蘋果日報》，取自 https://tw.entertainment.appledaily.com/realtime/20160715/908984
- 〈中國新聞網站傳播力 2017 年 12 月總榜發布〉（2018 年 1 月 30 日）。《人民網》，取自 http://media.people.com.cn/n1/2018/0130/c14677-29794356.html
- 〈中國封殺藝人又一例！演員柯宇綸被扣「台獨」帽子，只因曾參與太陽花〉（2018年3月28日）。《中央社》，取自 https://buzzorange.com/2018/03/28/ko-yu-luen-taiwan-independence-issue/
- 〈王晶談反「佔中」：現在比港英時期不知好到哪裡〉（2014 年 10 月 24 日）。《人民日報》，取自 http://ent.china.com.cn/2014-10/24/content_33862571.htm
- 〈台港撐民主歌手相繼被中共封殺 禁在內地演唱參加音樂節〉（2015年11月27日）。《博聞社》，取自 https://bowenpress.com/news/bowen_43298.html
- 〈台藝人轉發「中國一點都不能少」 網友怒嗆〉（2016 年 7 月 15 日 b）。《蘋果日報》，取自 https://tw.appledaily.com/new/realtime/20160715/908424/
- 〈打擊樂天懲罰韓國，中國別無選擇〉（2017 年 2 月 27 日）。《環球時報》，取自 https://opinion.huanqiu.com/article/9CaKrnK0QDD
- 〈共青團官網批趙薇起用「台獨演員」〉（2016 年 7 月 9 日）。《蘋果日報》，取自 https://tw.news.appledaily.com/international/realtime/20160709/904605
- 〈「杜汶澤」們，休想吃我們的飯，還砸我們的鍋〉（2014 年 10 月 22 日）。《新華網》，取自 http://opinion.people.com.cn/n/2014/1022/c1003-25888835.html
- 〈杜汶澤等遭內地封殺一年？衛視回應：有口頭傳達〉（2014 年 10 月 23 日）。《揚子晚報》，取自 http://culture.people.com.cn/n/2014/1023/c22219-25890316.html
- 〈「休想吃我們的飯」新華網點名批杜汶澤等人挺「佔中」〉（2014年10月23日）。《蘋果日報》，取自 https://tw.news.appledaily.com/international/realtime/20141023/493232
- 〈走，到大陸去！台灣藝人西進尋找新天地〉（2015 年 12 月 15 日）。《NOWnews》，取自 https://www.nownews.com/news/20151215/1919984 (N/A)
- 〈『沒有別的愛』遭網友抵制 趙薇終於宣布撤換戴立忍〉（2016 年 7 月 17 日）。《羊城晚報》，取自 media.people.com.cn/BIG5/n1/2016/0717/c40606-28559887.html
- 〈宋芸樺喊「中國是我的祖國」 百萬粉絲一夜暴跌剩 9 字頭〉（2018 年 8 月 3 日）。《TVBS 新聞網》，取自 https://news.tvbs.com.tw/entertainment/966932
- 〈周子瑜受災擴大 代言中國華為手機取消〉（2016 年 1 月 14 日）。《中央社》，取自《聯合新聞網》轉載 http://goo.gl/K1aM8H
- 〈林心如新戲遭舉報台獨而下架 文化部：了解中〉（2018 年 1 月 7 日）。《蘋果日報》，取自 https://tw.news.appledaily.com/life/realtime/20180107/1273918
- 〈金馬效應中國藝人急撤！胡哥提早離台「很遺憾」〉（2018 年 11 月 18 日）。《蘋果日報》，取自 https://tw.appledaily.com/new/realtime/20181118/1468542/
- 〈金馬 55／中國影人「集體取消」慶功 主席李安好尷尬〉（2018 年 11 月 18 日）。《NOWnews》，取自 https://www.nownews.com/news/20181118/3075172/
- 〈帝吧出征 FB 遭指責 丟臉丟到國外？網友有話說〉（2016 年 1 月 21 日）。《觀察者》，取自 http://www.guancha.cn/society/2016_01_21_348771.shtml
- 〈美資助「佔中」鐵證被曝光 提前好幾年計畫〉（2014 年 11 月 8 日）。《人民網》，取自 http://hm.people.com.cn/n/2014/1108/c42272-25995487.html
- 〈特區政府歡迎中央相關部委進一步便利香港電影業進入內地市場〉。（2019 年 4 月 16 日）。《香港特別行政區政府新聞公報》，取自 https://www.info.gov.hk/gia/general/201904/16/P2019041600258.

htm
- 〈國台辦新聞發布會〉（2016 年 10 月 26 日）。《人民網》，取自 http://live01.people.com.cn/zhibo/Myapp/Html/Member/html/201610/7_2575_580efc9206890_quan.html
- 〈國台辦發言人就臺灣選舉及周子瑜事件答記者問〉（2016 年 1 月 16 日）。《中國新聞網》，取自 http://www.chinanews.com/tw/2016/01-16/7719093.shtml
- 〈國台辦：「兩國論」謬論遭到兩岸和國際社會共同唾棄〉（2016 年 10 月 26 日）。《人民網》，取自 http://tw.people.com.cn/n1/2016/1026/c14657-28809412.html
- 〈國台辦發佈會聚焦國共領導人會面、兩岸船員獲救等話題〉（2016 年 10 月 26 日）。《中國新聞網》，取自 http://www.chinanews.com/tw/2016/10-26/8044358.shtml
- 〈國台辦評價林心如電視劇被暫時下架：相信有關方面會妥善處理〉（2018 年 1 月 17 日）。《人民網》，取自 http://tw.people.com.cn/n1/2018/0117/c14657-29770455.html
- 〈國台辦新聞發布會〉（2018 年 3 月 28 日）。《人民網》，取自 live01.people.com.cn/zhibo/Myapp/Html/Member/html/201803/15_2575_5ab9f94fc8779_quan.html
- 〈國台辦發言人表示：打「臺灣牌」注定是徒勞的〉（2018 年 3 月 29 日）。《人民網》，取自 http://tw.people.com.cn/n1/2018/0329/c14657-29895479.html
- 〈陳艾琳「愛台論」起底後遭中國驅逐 大陸劇組宣布「永不錄用」〉（2016 年 10 月 24 日）。《蘋果日報》，取自 https://tw.entertainment.appledaily.com/realtime/20161024/974249
- 〈陳艾琳遭中國網友抵制 導演認用人失誤〉（2016 年 10 月 23 日）。《蘋果日報》，取自 https://tw.entertainment.appledaily.com/realtime/20161023/973627
- 〈習近平首提五原則 探索一國兩制台灣方案〉（2019 年 1 月 2 日）。《經濟日報》，取自 https://money.udn.com/money/story/5603/3569712

- 〈梁振英批「香港民族論」鼓吹港獨 港大學苑：侵害學術言論自由〉（2015 年 1 月 14 日）。《關鍵評論網》，取自 https://www.thenewslens.com/article/11527
- 〈對王晶「一挺到底」〉（2014 年 10 月 25 日）。《新華網》，取自 http://news.china.com.cn/2014-10/25/content_33872009.htm
- 〈《學苑》書刊被批港獨反爆紅 全港缺貨或加印 三聯商務拒賣《香港民族論》〉（2015 年 1 月 14 日）。《明報新聞網》，取自 https://goo.gl/uex7v6
- 〈環球社評：九把刀新片慘敗是「反中」的悲哀〉（2014 年 10 月 21 日）。《環球時報》，取自《人民網》轉載 http://opinion.people.com.cn/n/2014/1021/c1003-25876022.html
- 〈環球社評：何時清場，恐怕香港主流社會說了算〉（2014 年 10 月 27 日）。《人民網》，取自 http://opinion.people.com.cn/n/2014/1027/c1003-25913327.html
- 〈韓媒：子瑜拿台灣國旗 遭中國人黃安批判〉（2016 年 1 月 14 日）。《蘋果日報》，取自 https://tw.news.appledaily.com/international/realtime/20160114/774595/applesearch/%E3%80%90%E6%9C%89%E7%89%87%E3%80%E2%80%A6
- 丁舟洋（2017 年 8 月 23 日）。〈香港電影為什麼會衰落？一位老電影人終於說清楚了〉，《香港新浪》。取自 https://goo.gl/GHG29x
- 三三（2016 年 7 月 25 日）。〈權力漩渦中，小粉紅的過火與荒誕〉，《端傳媒》。取自 https://theinitium.com/article/20160725-opinion-sansan-little-pink/
- 王勇（2016）。〈我國新聞網站的發展現狀與趨勢—基於對「中國新聞網站傳播力榜的分析」〉，《學術百家》，10: 31-33。
- 王玉燕（2000 年 5 月 25 日）。〈封殺阿妹，伍佰 中共文化部下的令〉，《聯合報》，第 13 版。

- 王俊杰（2015）。〈本土意識是港人抗爭的唯一出路〉，香港大學學生會學苑編，《香港民族論》，頁 33-49。香港：香港大學學生會。
- 王飛凌（2001）。〈中華悲劇～海峽兩岸即將來臨的民族主義大衝突〉，林佳龍、鄭永年主編，《民族主義與兩岸關係》，頁 409-432。臺北市：新自然主義公司出版。
- 內地向香港開放服務貿易的具體承諾的補充和修正二（2005）。取自 http://tga.mofcom.gov.cn/article/zt_cepanew/subjectcc/200612/20061204080644.shtml
- 中華人民共和國出境入境管理法（2013）。
- 中環街市（2017 年 5 月 4 日）。〈中國藝人收入榜 范冰冰排第一〉，《雅虎香港》。取自 https://goo.gl/iEpSIQ
- 白信（2016 年 8 月 4 日）。〈互聯網、青年創業與共青團改革〉，《端傳媒》。取自 https://theinitium.com/article/20160804-opinion-baixin-ccyl/
- 甘陽（2014）。《通三統》。北京：三聯書店。
- 甘欣庭（2017）。〈港式民族主義〉，《文化研究 @ 嶺南》，57。取自 http://commons.ln.edu.hk/mcsln/vol57/iss1/12/
- 田又安，褚洪濤總編輯（2013）。《2011 影視產業趨勢研究調查報告——電影及電影產業》。臺北市：文化部影視及流行音樂產業局。
- 古晏豪（2015）。〈習近平主政後中共對臺政策之研究〉，《國防雜誌》，30(5): 49-76。
- 立場新聞（2015 年 3 月 23 日）。〈梁振英當選四年 真．港獨之父〉[臉書]。取自 https://www.facebook.com/standnewshk/photos/a.720050934747196/949796411772646/?type=3&theater
- 朱蘊兒（2018）。〈命名的政治：從大陸配偶新聞反思民族主義的媒體建構〉，《傳播與社會學刊》，45: 171-214。

- 辛聞（2018 年 3 月 28 日）。〈國台辦：堅決反對和遏制任何『臺獨』分裂圖謀〉，《中國網》。取自 http://news.china.com.cn/2018-03/28/content_50761126.htm
- 吳介民（2014）。〈港台的抵抗運動為何呈現趨同性？〉，《文化研究》，18: 170-177。
- 吳明剛（1999）。〈港澳與新中國 50 年〉，《福建黨史月刊》，8: 28-31。
- 吳品儀，李秀珠（2011）。〈檢視臺灣電視產業模仿同形現象—以綜藝談話性節目為例〉，《廣播與電視》，33: 63-88。
- 吳柏羲（2011）。《與中國市場緊密結合下的香港電影：產業、文本與文化的變遷》。國立交通大學傳播研究所碩士論文。
- 吳叡人（2001）。〈臺灣非是臺灣人的臺灣不可～反殖民鬥爭與臺灣人民族國家的論述 1919-1931〉，林佳龍、鄭永年主編，《民族主義與兩岸關係》，頁 43-110。臺北：新自然主義公司。
- 吳叡人譯（2010）。《想像的共同體：民族主義的起源與散布》。臺北市：時報。（原書 Anderson, Benedict. (2006). Imagined Communities: Reflections on the Origin and Spread of Nationalism, Revised Edition. New York: Norton.）
- 吳叡人（2015[2014]）。〈The Lilliputain Dream：關於香港民族主義的思考筆記〉，香港大學學生會學苑編，《香港民族論》，頁 77-98。香港：香港大學學生會。
- 吳叡人（2016）。〈黑潮論〉，林秀幸、吳叡人主編，《照破：太陽花運動的振福、縱深與視域》，頁 23-48。新北市：左岸文化。
- 李安如（2009）。〈地鐵作為「文化親密」的空間：以臺北市大眾捷運系統為例〉，《考古人類學刊》，70: 79-108。
- 李金梅，黃俊龍譯（2001）。《國族與國族主義》。臺北市：聯經。（原書 Gellner, Ernest. (1983). Nations and Nationalism. Ithaca: Cornell University Press.）

- 李佳穎、張家豪（2018）。〈兩岸合拍片還有台灣味嗎？〉，《風傳媒》。取自 https://www.storm.mg/article/413975
- 李政亮（2018 年 3 月 13 日）。〈惠台措施對影視產業更開放？——兩岸大銀幕裡的政治經濟學〉，《聯合新聞網》。取自 https://opinion.udn.com/opinion/story/11655/3027916
- 李政亮（2018 年 4 月 18 日）。〈香港電影是中國電影嗎？從審查制與合拍片談起〉，《聯合新聞網》。取自 https://opinion.udn.com/opinion/story/11655/3093092
- 李美賢、闕河嘉（2018）。〈台灣「東南亞新二代」的形象建構〉，《傳播、文化與政治》，7: 133-174。
- 李連權總編輯（2009）。《2009 影視產業趨勢研究調查報告—電視、電影及流行音樂》。臺北市：行政院新聞局。
- 李傑輝（2017）。〈看現今香港保健食品的文化迴路〉，《文化研究 @ 嶺南》，57。取自 http://commons.ln.edu.hk/mcsln/vol57/iss1/2/
- 汪宏倫（2016）。〈理解當代中國民族主義：制度、情感結構與認識架構〉，蕭阿勤、汪宏倫主編，《族群、民族與現代國家：經驗與理論的反思》，頁 371-436。臺北市：中央研究院社會學研究所。
- 沈松僑（1997）。〈我以我血薦軒轅—黃帝神話與晚清的國族建構〉，《台灣社會研究季刊》，28: 1-77。
- 我是香港人連線（2004 年 12 月 2 日）。〈港獨 ABC 介紹我們的理念給你知〉。取自 http://www.hkfront.org/
- 我是香港人連線（2005 年 7 月 1 日）。〈特首選舉不合法不民主〉。取自 ttp://www.hkfront.org/
- 我是香港人連線（2005 年 9 月 15 日）。〈中國遊客影衰晒香港同埋迪士尼樂園〉。取自 http://www.hkfront.org/

- 呂振亞（2005年2月6日）。〈「港獨」暗流湧動網際 與各路分裂勢力關係密切〉，《中國新聞網》。取自 www.chinanews.com/news/2005/2005-02-06/26/538140.shtml
- 何道寬譯（2005）。〈公眾與群眾〉，《傳播與社會影響》，頁 213-228。（原書 Tarde, Gabriel. [1969]. The Public and the Crowd. Gabriel Tarde on Communication and Social Influence (T. N. Clark, Trans.), 277-294. Chicago: The University of Chicago Press. Original work published 1901）
- 林夕（2018）。〈沒有香港電影，只有中國電影〉，《蘋果日報》。取自 https://tw.news.appledaily.com/forum/realtime/20180526/1361163/
- 林果顯（2005）。《「中華文化復興運動推行委員會」之研究（1966-1975）—統治正當性的建立與轉變》。新北市：稻鄉。
- 林果顯（2007）。〈日常生活中的反共知識建構—《廣播雜誌》為中心（1952-1956）〉，《國史館學術集刊》，14: 181-213。
- 林泉忠（2004 年 11 月 23 日）。〈港獨由虛變實？〉，《明報》。取自 http://www.hkfront.org/
- 林楠森（2013）。〈台灣歌手張懸年底北京演唱會取消〉，《BBC 中文網》。取自 https://www.bbc.com/zhongwen/trad/china/2013/11/131114_zhangxuanconcertcancel
- 林詩芸（2018）。《從文本詞彙分析探究教科書中的學習內容與學習表現—以台灣與日本中學生物單元為例》。淡江大學課程與教學研究所碩士論文。
- 林肇豐（2015）。《台灣、香港本土論的發展與比較研究》。國立成功大學台灣文學系博士論文。
- 周建明（2001）。〈中國民族主義與臺灣問題〉，林佳龍、鄭永年主編，《民族主義與兩岸關係》，頁 389-408。臺北市：新自然主義公司出版。
- 周家豪（2019 年 10 月 15 日）。〈騰訊復播 NBA 耿爽：體育交流增進中美友好〉，《新頭殼》。取自 https://newtalk.tw/news/view/2019-10-15/311571

● 周毓翔（2019年8月28日）。〈陸客不來 衝擊逾200萬個家庭！減少100萬人次 重創觀光業生計〉，《中國時報》。取自 https://www.chinatimes.com/newspapers/20190828000557-260114?chdtv
● 邱筠文（2016 年 12 月 30 日）。〈中國 55 人封殺名單 吳念真、徐若瑄入列〉，《新頭殼》。取自 https://newtalk.tw/news/view/2016-12-30/80570
● 洪千惠（2011）。〈從語料庫統計的觀點分析美國之音新聞被動句中文譯文〉，《編譯論叢》，4(2): 25-53。
● 洪郁如，陳培豐譯（2014）。《戰後台灣政治史：中華民國臺灣化的歷程》。臺北市：臺大出版中心。（原書若林正丈（2008）。《台湾の政治——中華民国台湾化の戦後史》。東京：東京大學出版會。）
● 洪肇君，陳君碩（2019 年 8 月 8 日）。〈大陸宣布暫停參加金馬獎 兩岸文化交流奄奄一息〉，《中國時報》。取自 https://www.chinatimes.com/newspapers/20190808000498-260108?chdtv 1/
● 姚中秋（2012）。《華夏治理秩序史》，第一卷，上冊。海口：海南出版社。
● 施伯燁（2007）。〈媒體即使用者，使用者即訊息〉，《新聞學研究》，93: 193-202。
● 香港大學民意網站（無年代）。〈香港大學民意研究計畫〉，取自 https://www.hkupop.hku.hk/chinese/popexpress/ethnic/eidentity/halfyr/datatables.html
● 香港影業協會編輯（2013）。《香港電影業資料彙編 2012》。取自 https://www.fdc.gov.hk/doc/tc/HK_Film_Industry_Info2012_Preview.pdf
● 香港影業協會編輯（2014）。《香港電影業資料彙編 2013》。取自 https://www.fdc.gov.hk/doc/tc/HK_Film_Industry_Info2013_Preview.pdf
● 香港影業協會編輯（2015）。《香港電影業資料彙編 2014》。取自 https://www.fdc.gov.hk/doc/tc/HK_Film_Industry_Info2014_Preview.pdf

● 香港影業協會編輯（2016）。《香港電影業資料彙編 2015》。取自 https://www.fdc.gov.hk/doc/tc/HK_Film_Industry_Info2015_Preview.pdf
● 香港影業協會編輯（2017）。《香港電影業資料彙編 2016》。取自 https://www.fdc.gov.hk/doc/tc/HK_Film_Industry_Info2016_Preview.pdf
● 香港影業協會編輯（2018）。《香港電影業資料彙編 2017》。取自 https://www.fdc.gov.hk/doc/tc/HK_Film_Industry_Info2017_Preview.pdf
● 香港影業協會編輯（2019）。《香港電影業資料彙編 2018》。取自 https://www.fdc.gov.hk/doc/tc/HK_Film_Industry_Info2018_Preview.pdf
● 胡詩然、張志安（2019）。〈中國黨媒借助社交媒體的政黨認同話語建構——以《人民日報海外版》微信公眾號「俠客島」為例〉，《傳播與社會學刊》，48: 57-91。
● 南嘉生（2016 年 1 月 20 日）。〈論「華獨與台獨」（一）〉，《南方快報》。取自 www.southnews.com.tw/specil_coul/nan/01/00256.htm
● 胡嘉洋、陳子軒（2018）。〈臺灣籃球人才遷移中國的媒體再現與國族意涵〉，《新聞學研究》，135: 93-138。
● 倪炎元（2005）。〈再現的政治：台灣報紙媒體對「他者」建構的論述分析〉。新北市：韋伯文化。
● 容邵武（2013）。〈文化親密性與社區營造：在地公共性的民族誌研究〉，《臺灣社會學刊》，53: 55-102。
● 徐承恩（2015）。〈城邦敘事：香港本土意識簡史〉，香港大學學生會學苑編，《香港民族論》，頁 127-163。香港：香港大學學生會。
● 高明秀總編輯（2018）。《2017 影視廣播產業趨勢研究調查報告—電影、電視及廣播產業》。臺北市：文化部影視及流行音樂產業局。

- 陳雲（2011）。《香港城邦論》。香港：天窗出版社。
- 陳百齡、鄭宇君（2014）。〈從流通到聚合：重大災難期間浮現的資訊頻道〉，《新聞學研究》，121: 89-125。
- 陳佳宏（2006）。《台灣獨立運動史》。臺北市：玉山社。
- 陳冠中（2012）。《中國天朝主義與香港》。香港：牛津大學出版社。
- 陳建鈞（2019 年 10 月 14 日）。〈NBA、《要塞英雄》開方商挺港惹中國不開心，騰訊成背後最大苦主〉，《數位時代》。取自 https://www.bnext.com.tw/article/55086/tencent-nba-epic-games
- 陳培豐（2006）。《「同化」的同床異夢：日治時期臺灣的語言政策、近代化與認同》。臺北市：麥田出版。
- 陳蒿堯（2017）。〈中韓針對薩德部署爭議分析〉，《國防雜誌》，32(3): 53-76。
- 陳澔琳（2018 年 7 月 23 日）。〈合拍片當道 導演陳詠燊：港味漸漸消失〉，《香港 01》。取自 https://reurl.cc/yYrnl
- 陳耀宗（2016 年 10 月 13 日）。〈許宗力：兩岸關係是「特殊國與國關係」 中華民國主權不及於對岸〉，《風傳媒》。取自 https://www.storm.mg/article/177029
- 張媛、文霄（2018）。〈微信中的民族意識呈現與認同構建：基於一個彝族微信群的考察〉，《國際新聞界》，6: 122-137。
- 張育君（2018）。〈以「庫博中文語料庫」分析工具初探「解放軍報」改版後現況〉，《復興崗學報》，113: 51-80。
- 張春貴（2014年6月17日）。〈微博和微信的功能互補與差別使用——基於 12 位用戶的深度訪談〉。取自 http://yjy.people.com.cn/BIG5/n/2014/0617/c245082-25158966.html

●張維為（2014）。《中國超越：一個「文明型國家」的光榮與夢想》。上海：上海人民出版社。
●郭文平（2015）。〈字彙實踐及媒介再現：語料庫分析方法在總體經濟新聞文本分析運用研究〉，125: 95-142。
●強世功（2010）。《中國香港：政治與文化視野》。北京：三聯書店。
●梁治平（2018）。〈想像「天下」：當代中國的意識形態建構〉，《思想》，36: 71-177。
●許秋煌總編輯（2012）。《2010影視產業趨勢研究調查報告—電視及電影產業》。臺北市：行政院新聞局。
●許淑萍總編輯（2018）。《2016影視產業趨勢研究調查報告—電影、電視及廣播產業》。臺北市：文化部影視及流行音樂產業局。
●許淑萍、莊洪濤總編輯（2016）。《2014影視產業趨勢研究調查報告—電影、電視及廣播產業》。臺北市：文化部影視及流行音樂產業局。
●許淑萍、莊洪濤總編輯（2017）。《2015影視產業趨勢研究調查報告—電影、電視及廣播產業》。臺北市：文化部影視及流行音樂產業局。
●梅衍儂（2016年1月13日）。〈黃安射「獨」箭 周子瑜大陸活動全被砍〉，《聯合新聞網》。取自 http://goo.gl/TfFKil
●曹曉諾（2015）。〈香港人的背後是整個文化體系〉，香港大學學生會學苑編，《香港民族論》，頁51-61。香港：香港大學學生會。
●傑伊（2016年8月1日）。〈把果凍釘在牆上？他們真的這樣管住了互聯網〉，《端傳媒》。取自 https://theinitium.com/article/20160801-mainland-fiftycents/
●黃煜，李金銓（2003）。〈90年代中國大陸民族主義的媒體建構〉，《台灣社會研究季刊》，50: 49-79。

- 黃玲愷（2019 年 10 月 21 日）。〈豆瓣十日鬮割紀：愛國的火燒到阿中哥哥的輿論陣地〉，《端傳媒》。取自 https://reurl.cc/xDVll4
- 黃順星（2018）。〈恐怖的陰謀：1950 年代初期匪諜新聞的詮釋〉，《新聞學研究》，136: 91-134。
- 湯志傑（2007）。〈勢不可免的衝突：從結構／過程的辯證看美麗島事件之發生〉，《台灣社會學》，13: 71-128。
- 游美惠（2000）。〈內容分析、文本分析與論述分析在社會研究的運用〉，《調查研究》，8: 5-42。
- 馮建三（2003）。〈評介《全球的好萊塢》〉，《台灣社會研究季刊》，51: 231-235。
- 馮建三譯（2003）。《全球好萊塢》。臺北市：巨流。（原書 Miller, T., Govil, N., Mcmurria, J., & Maxwell, R. [2001]. Global Hollywood. London: British Film Institute.）
- 傅雲欽（2015 年 8 月 17 日）。〈「華獨」有三派，有好有壞〉，《民報》。取自 https://www.peoplenews.tw/news/3860d92b-cc9c-4beb-bb3d-ff09c167b469
- 楊山（2017 年 3 月 2 日）。〈抵制樂天，網絡時代下民族主義的進化〉，《端傳媒》。取自 https://theinitium.com/article/20170302-opinion-yangshang-korealotte/
- 楊昇儒（2019 年 9 月 20 日）。〈中國抵制金馬影展原因 國台辦：台灣政治問題〉。《中央社》。取自 https://www.cna.com.tw/news/acn/201908070107.aspx
- 楊鎵民（2016 年 12 月）。〈民族認同建構過程的媒介意涵：理論爬梳與新媒體時代的民族主義研究〉。中國新聞史學會公共關係分會 2016 學術年會暨第九屆公關與廣告國際學術論壇。香港：浸會大學。
- 楊鎵民（2019）。〈數位時代的國族認同建構研究：以學術期刊 National Identities、Nations and Nationalism 為例〉。《傳播、文化與政治》，9: 63-68。

- 葛兆光（2015）。〈對「天下」的想像：一個烏托邦想像背後的政治、思想與學術〉，《思想》，29: 1-56。
- 葉君遠（2015 年 8 月 26 日）。〈金鐘獎入圍名單 狠刮綜藝圈一巴掌〉，《聯合影音網》。取自 https://video.udn.com/news/362113
- 微博小秘書（2016 年 8 月 28 日）。〈微博新版評論使用指南〉。取自微博 https://www.weibo.com/ttarticle/p/show?id=2309404013509787699389
- 經濟部國際貿易局（2019 年 9 月 24 日）。〈海峽兩岸經濟合作架構協議（ECFA）執行情形〉。取自 http://www.ecfa.org.tw/ShowNews.aspx?nid=2&id=2197&year=all
- 鄒麗泳（2019 年 10 月 13 日）。〈蔡丁貴：李蔡都是華獨，國民黨是華統〉，《中國評論通訊社》。取自 hk.crntt.com/doc/1041/3/5/9/104135952_2.html?coluid=93&kindid=2931&docid=104135952&mdate=0227011145
- 趙汀陽（2005）。《天下體系：世界制度哲學導論》。南京：江蘇教育出版社。
- 趙汀陽（2011）。《天下體系：世界制度哲學導論》，再版。北京：中國人民大學出版社。
- 趙汀陽（2015）。《天下的當代性：世界秩序的實踐與想像》。北京：中信出版社。
- 劉亭（2019 年 10 月 12 日）。〈NBA 上海賽爆滿！耿爽回應轉低調…陸網友心疼：幫跪族籃還擦屁股〉，《ETtoday 新聞雲》。取自 https://www.ettoday.net/news/20191012/1555306.htm
- 劉子維（2016 年 7 月 18 日）。〈台灣網民發起「向中國道歉大賽」〉，《BBC 中文網》。取自 https://www.bbc.com/zhongwen/trad/china/2016/07/160718_ana_taiwan_apology_china
- 劉怡馨（2016 年 1 月 18 日）。〈有圖有真相！黃安辯「沒因揮國旗舉報周子瑜」微博發文打臉自己〉，《風傳媒》。取自 http://www.storm.mg/article/78967

- 劉海龍（2019年8月19日）。〈像愛護愛豆一樣愛國：新媒體與「粉絲民族主義」的誕生〉，《國際新聞界》。取自 https://mp.weixin.qq.com/s/c1aju9x2RWxOYHpp1LlNvQ（原載於《現代傳播》2017年第四期）
- 鄭永年（2001）。〈中國新一波民族主義～根源、過程和前景〉，林佳龍、鄭永年主編，《民族主義與兩岸關係》，頁21-40。臺北：新自然主義公司出版。
- 鄭明萱譯（2006）。《認識媒體：人的延伸》。臺北市：貓頭鷹出版社。（原文出自 McLuhan, M. (1994). Understanding media: The extensions of man. Cambridge, Mass : MIT Press）
- 鄭思捷（2015年10月29日）。〈台獨 vs. 華獨〉，《台灣 e 新聞》。取自 https://www.taiwanenews.com/doc/jeng20151029.php
- 鄭欽仁（2018年10月17日）。〈「中國」之意義——古、今意義不同，進入「近代」，始作為國〉，《民報》。取自 https://www.peoplenews.tw/news/5b7ac21f-c84c-407d-9ca4-720b46a6850a
- 鄭義愷譯（2009）。《消失的現代性：全球化的文化向度》。新北市：群學。（原文 Appadurai, Arjun. [1996]. Modernity at Large: Cultural Dimensions of Globalization.）
- 禚洪濤、許淑萍總編輯（2012）。《2012影視產業趨勢研究調查報告—影視及廣播產業》。臺北市：文化部影視及流行音樂產業局。
- 禚洪濤、許淑萍總編輯（2013）。《2013影視廣播產業趨勢研究調查報告—電影、電視及廣播產業》。臺北市：文化部影視及流行音樂產業局。
- 蔡篤堅（1996）。〈對1980年代台灣民族認同形成的文化分析〉，收錄於張憲炎等編，《台灣近百年史論文集》，頁303-330。臺北：財團法人吳三連台灣史料基金會。
- 蔡曉穎（2015年12月25日）。〈香港著名填詞人林夕「被舉報」內地活動取消〉，《BBC中文網》。取自 https://www.bbc.com/zhongwen/simp/china/2015/12/151225_hongkong_lin_xi_cancellation

- 盧安邦（2018）。《「網絡（networked）公共領域」的意見擴大與深化——探討當代「弱公共領域」的運作邏輯》。國立政治大學傳播學院博士班博士學位論文。
- 盧安邦、鄭宇君（2017）。〈用方法說故事：探析電腦輔助文本分析工具在框架研究之應用〉，《傳播研究與實踐》，7: 145-178。
- 蕭阿勤（2012）。《重構台灣：當代民族主義的文化政治》。臺北市：聯經。
- 賴錦宏（2013 年 11 月 6 日）。〈張懸英國開唱 亮國旗被陸生嗆〉，《聯合報》，第 13 版。
- 戴麗娟譯（2012）。〈記憶與歷史之間：如何書寫法國史〉，《記憶所繫之處》（第一冊），頁 15-36。臺北市：行人文化實驗室。（原書 Nora, P. (1984-1992). Entre mémoire et histoire, comment écrire I'histoire de France? In P. Nora (Eds.), Les Lieux De Memoire, vol 1 (pp.17-42). Paris: Gallimard.）
- 闕河嘉、陳光華（2016）。〈庫博中文獨立語料庫分析工具之開發與應用〉，項潔編，《數位人文研究與技藝》（第六輯），頁 285-313。臺北市：國立臺灣大學出版中心。
- 譚有勝（2019 年 5 月 24 日）。〈新浪微博 Q1 財報失色 開盤跌逾 10%〉，《工商時報》。取自 https://ctee.com.tw/news/china/96676.html
- 羅永生（2014）。〈被動回歸與公民社會的危機〉，《文化研究》。18: 210-216。
- 羅世宏譯（2018）。《文化研究：理論與實踐》。臺北市：五南。（原書 Barker, C. (2016). Cultural Studies: Theory and Practice. (5th edition). SAGE.）
- 關於加強海峽兩岸電影合作管理的現行辦法（2013）。
- 關於促進兩岸經濟文化交流合作的若干措施（2018）。
- 關於進一步促進兩岸經濟文化交流合作的若干措施（2019）。
- 顧杭、龐冠群譯（2004）。〈大規模生產傳統：1870-1914 年的歐洲〉，《傳統的發明》，頁 338-395。南京市：譯林。（原書 Hobsbawm, Eric. (1983). Mass-Producing Traditions: Europe, 1870-1914.

In Eric Hobsbawm & Terence Ranger, The Invention of Tradition (pp.263-308). Cambridge: Cambridge University Press.）

- Dirlik, A.，馮奕達譯（2018）。《殖民之後？：臺灣困境、「中國」霸權與全球化》。新北市：衛城。
- fengshangyue（2016年1月20日）。〈親自參加兩岸 Facebook「表情包大戰」是一種什麼樣的體驗？〉，取自 http://www.pingwest.com/fighting-with-fun/ (N/A)
- Huang, A.（2019年8月7日）。〈中國今年暫停參加金馬獎，國台辦：和民進黨當然有關〉，《關鍵評論網》。取自 https://www.thenewslens.com/article/123158
- i黑馬（2014年8月7日）。〈台灣綜藝節目爛到中國記者跑來採訪「台灣電視產業出了什麼問題？」〉，《科技橘報》。取自 https://buzzorange.com/2014/08/07/kangxi-coming/
- Anderson, B. ([1991]2007). Imagined communities: Nationalism’ s cultural root. In S. During (ed.), The Cultural Studies Reader, 3rd edition (pp.253-263). London & NY: Routledge.
- Anderson, B. (2005). Under three flags: Anarchism and the anti-colonial imagination. London and New York: Verso.
- Chen, H. T., Chan, M., & Lee, F. L. F. (2016). Social media use and democratic engagement: a comparative study of Hong Kong, Taiwan, and China. Chinese Journal of Communication, 9(4), pp. 348-366.
- Cormack, M. (2000). Minority languages, nationalism and broadcasting: The British and Irish examples. Nations and Nationalism, 6(3), 383-398.
- du Gay, P., Hall, S., Janes, L., Madsen, A. K., Mackay, H., & Negus, K. (2013). Doing cultural studies: The story of the Sony Walkman. Milton Keynes, UK: Open University.
- Eriksen, H. T. (2007). Nationalism and the Internet. Nations and Nationalism, 13(1), 1-17.

- Flew, T. (2018). The new international division of cultural labor, global media studies, and the cultural rise of China. In M. Keane, B. Yecies, & T. Flew, Willing collaborators: Foreign partners in Chinese media (pp. 21-34). US, Boulder: Rowman & Littlefield.
- Hall, S., Evans, J., & Nixon, S. (2013). Representation. (2th edition). Milton Keynes, UK: The Open University.
- Hall, S. (1996). Introduction: Who needs 'Identity'? In S. Hall, & P. du Gay (eds.), Questions of cultural identity, pp.1-17. UK: London, SAGE Publications.
- Herzfeld, M. (1997). Cultural intimacy: Social poetics in the nation-state. New York, NY: Routledge.
- Huijsmans, R., & Lan, T. T. H. (2015). Enacting nationalism through youthful mobilities? Youth, mobile phones and digital capitalism in a Lao-Vietnamese borderland. Nations and Nationalism, 21(2), 209-229.
- Han, E. L. (2016). Micro-blogging memories: Weibo and collective remembering in contemporary China. UK, Palgrave Macmillan.
- Qiu, J. L. C. (2006). The changing web of Chinese nationalism. Global Media and Communication, 2(1), 125-128.
- Jiang, Y. (2012). Cyber-nationalism in China: Challenging western media portrayals of internet censorship in China. Adelaide: University of Adelaide Press.
- Kania-Lundholm, M. & Lindgren, S. (2017). Beyond the nation-state Polish national identity and cultural intimacy online. National Identities, 19(3), 293-309.
- Koukoutsaki-Monnier, A. (2012). Deterritorialising the nation? Internet and the politics of the Greek-American diaspora. Nations and Nationalism, 18(4), 663-683.
- McLuhan, M. (1994). Understanding media: The extensions of man. Cambridge, Mass: MIT Press.

- Miller, T., Rowe, D., McKay, J., & Lawrence, G. (2003). The overproduction of us sports and the new international division of cultural labor. International Review for the Sociology of Sport, 38(4): 427-440.
- Phillips, C. (2012). Team Arab: al-Jazeera and the flagging of everyday Arabism during the 2008 Beijing Olympics. Nations and Nationalism, 18(3), 504-526.
- Scannell, P. (1996). Radio, television and modern life: A phenomenological approach. Oxford: Blackwell.
- Schneider, F. (2019). China’s digital nationalism. New York, NY: Oxford University Press.
- Skop, E., & Adams, P. C. (2009). Creating and inhabiting virtual places: Indian immigrants in cyberspace. National Identities, 11(2), 127-147.
- Thompson, J. B. (1995). The Media and Modernity: A Social Theory of the Media. Stanford, CA: Stanford University Press.
- Wu, X. (2007). Chinese cyber nationalism: Evolution, characteristics, and implications. UK: Lanham, Lexington Books.

1841
一八四一

國家面前無愛豆？

臺港藝人認同爭議事件中的中國網路國族主義

作　　者　楊鎵民
責任編輯　馮百駒
文字校對　章郡榕
封面設計　兒日設計
內文排版　王氏研創藝術有限公司
出　　版　一八四一出版有限公司
印　　刷　博客斯彩藝有限公司

2023 年 11 月　初版一刷
定價　420 台幣
ISBN　978-626-97372-3-9

一八四一

社　　長　沈旭暉
總 編 輯　孔德維
出版策劃　一八四一出版有限公司
地　　址　臺北市大同區民生西路 404 號 3 樓
發　　行　遠足文化事業股份有限公司
（讀書共和國出版集團）
郵撥帳號　19504465 遠足文化事業股份有限公司
電子信箱　enquiry@1841.co
法律顧問　華洋法律事務所 蘇文生律師

國家面前無愛豆／楊鎵民著. – 初版. – 臺北市：一八四一出版有限公司出版：遠足文化事業股份有限公司發行, 2023.09
面；　公分
ISBN 978-626-97372-3-9（平裝）

1.CST: 政治社會學 2.CST: 政治認同
3.CST: 學術研究 4.CST: 文集

570.1507　　112013094

香港文庫